BEI GRIN MACHT SICH IHR WISSEN BEZAHLT

- Wir veröffentlichen Ihre Hausarbeit, Bachelor- und Masterarbeit

- Ihr eigenes eBook und Buch - weltweit in allen wichtigen Shops

- Verdienen Sie an jedem Verkauf

Jetzt bei www.GRIN.com hochladen und kostenlos publizieren

Christopher Franke

„Consumerization of IT" – Buzzword 2011

Analyse von Chancen und Gefahren

GRIN Verlag

Bibliografische Information der Deutschen Nationalbibliothek:

Die Deutsche Bibliothek verzeichnet diese Publikation in der Deutschen National-
bibliografie; detaillierte bibliografische Daten sind im Internet über http://dnb.d-
nb.de/ abrufbar.

Impressum:

Copyright © 2011 GRIN Verlag GmbH
Druck und Bindung: Books on Demand GmbH, Norderstedt Germany
ISBN: 978-3-656-08254-5

Dieses Buch bei GRIN:

http://www.grin.com/de/e-book/183651/consumerization-of-it-buzzword-2011

GRIN - Your knowledge has value

Der GRIN Verlag publiziert seit 1998 wissenschaftliche Arbeiten von Studenten, Hochschullehrern und anderen Akademikern als eBook und gedrucktes Buch. Die Verlagswebsite www.grin.com ist die ideale Plattform zur Veröffentlichung von Hausarbeiten, Abschlussarbeiten, wissenschaftlichen Aufsätzen, Dissertationen und Fachbüchern.

Besuchen Sie uns im Internet:

http://www.grin.com/

http://www.facebook.com/grincom

http://www.twitter.com/grin_com

Freie wissenschaftliche Arbeit zur Erlangung des akademischen Grades
Bachelor of Science in Wirtschaftsinformatik

„Consumerization of IT" – Buzzword 2011 –
Analyse von Chancen und Gefahren

Bachelorthesis

im Fachbereich Wirtschaftswissenschaften II
im Studiengang Wirtschaftsinformatik
der Hochschule für Technik und Wirtschaft Berlin

vorgelegt von: Christopher Franke

Abgabetermin: 10.06.2011

Danksagung

An dieser Stelle möchte ich mich bei all denjenigen bedanken, die mich bei der Anfertigung dieser Bachelorthesis unterstützt haben.

Ein besonderer Dank gilt meinen beiden Betreuern, Prof. Dr. Jörg Courant und Prof. Dr. Reinhard Ginnold für die Übernahme der Betreuung dieses Themas sowie die hilfreichen Anregungen beim Entstehungsprozess.

Des Weiteren möchte ich mich bei allen befragten Teilnehmern, für die vielen und interessanten Antworten bedanken.

Schließlich gilt mein Dank noch meinem Bruder Patrick Franke und meiner Freundin Nancy Itzeck, die sich opferten und als unbeteiligte Lektoren zur Verfügung stellten sowie meinen Eltern, welche mir das Studium ermöglichten und allen Freunden und Bekannten für ihre moralische Unterstützung.

Zusammenfassung

Die vorliegende Arbeit befasst sich mit der Thematik einer Integration, von Consumer-IT in einem Unternehmensnetzwerk. Zunächst wird auf die theoretischen Grundlagen von Begriffen eingegangen, bevor über die technologischen Möglichkeiten ein Überblick verschafft wird. Anschließend werden ausführlich die Aspekte der „Consumerization of IT" vorgestellt. Als Datengrundlage dienen hierbei, geführte Interviews mit IT-Verantwortlichen von Unternehmen und Hochschulen. Aufbauend auf diesen Ergebnissen, wird eine SWOT-Analyse anhand eines fiktiven Unternehmens durchgeführt. Die Erkenntnisse werden abschließend aufgezeigt, wobei Hinweise auf weitere Forschungspotentiale gegeben wird.

Abstract

This thesis deals with the topic of chance an risk about integration consumer-IT in business enviroment. At the beginning the author addresses the issue of theoretic basics of consumer-IT as well as the term of technologie opportunities. After that, the aspects of „consumerization of IT" are presented. The data base are interviews with it-resonsible people in companys and universities. Following of this results, carried out a SWOT-Analysis using a fictitious company. Finally the results are presented in conclusion, where instructions are given to further research potential.

Inhaltsverzeichnis

Abbildungsverzeichnis

Tabellenverzeichnis

Abkürzungsverzeichnis

BYOD   Bring your own Device

ERP   Enterprise Resource Planning

IT   Informationstechnologie

ITIL   IT Infrastructure Library

SBC   Server Bases Computing

SLA   Service Level Agreement

TCO   Total Cost of Ownership

URL   Uniform Resource Locator

VDI   Virtual Desktop Infrastructur

Vgl   Vergleich

1 Einleitung

1.1 Hintergrund

Die Zeiten, in denen Berufsanfänger zum ersten Mal im Rahmen ihres ersten Arbeitsverhältnisses mit einem Computer in Berührung kommen, sind lange vorbei. Heutzutage sind mehr als 50 Millionen Deutsche im Internet[1] und halb Deutschland in sozialen Netzwerken[2] angemeldet[3]. Diese Zahlen zeigen, dass die Bevölkerung – Computer-affiner ist als jemals zuvor.

Diese Affinität schlägt sich natürlich auch in einer erhöhten Anzahl privat genutzter Laptops und Smartphones nieder. Die erhöhte Anzahl ist vom Statistischem Bundesamt bestätigt worden. In der alle fünf Jahre stattfindenden Einkommens- und Verbraucherstichprobe wurde dies belegt. Wie in Tabelle 1 ersichtlich, belief sich im Jahr 2003 der Ausstattungsgrad noch auf 10,7 Laptops in 100 Haushalten, im Jahr 2008 waren es schon 34,7.

Gegenstand der Nachweisung	Deutschland		
	1998	2003	2008
Hochgerechnete Haushalte (1 000).......	36 703	37 931	39 077
	Ausstattungsgrad je 100 Haushalte		
Informations- und Kommunikations-technik			
Personalcomputer (PC)	38,7	61,4	75,4
PC stationär	.	58,2	62,1
PC mobil (Notebook, Laptop, Palmtop)	.	10,7	34,7

Tabelle 1 – Statistisches Bundesamt[4]

---

[1] Vgl. BITKOM1 (2011).

[2] Soziale Netze sind Internetplattformen (z.B. Facebook.com) bei denen Benutzer eigene Inhalte erstellen und austauschen können. (weitere Begriffserklärungen befinden sich im Glossar)

[3] Vgl. BITKOM2 (2011).

[4] Einkommens- und Verbraucherstichprobe 2008 siehe Tabelle 1 im Anhang 3.

Die Hardware welche im privaten Umfeld eingesetzt wird, ist meist performanter, als solche die in Unternehmen dem Arbeitnehmer zur Verfügung gestellt wird. Moderne Anwender möchten auf den Komfort der Endgeräte nicht mehr verzichten, weshalb es vermehrt dazukommt, dass sich genau diese privatgenutzten Endgeräte im Unternehmensnetzwerk wiederfinden. Dieses Szenario wird auch als „Consumerization of IT" oder „Bring your own Device" beschrieben. Die Abbildung 1 soll dies verdeutlichen.

Abbildung 1 – Laptopschmuggel[5]

1.2   Ziel dieser Bachelorthesis

In dieser Bachelorarbeit soll ein Überblick über die Technologien, welche es ermöglichen Consumer-IT in ein Unternehmensnetzwerk zu integrieren, gegeben werden. Hierbei werden die Vor- und Nachteile der jeweiligen Technologie, anhand von Literaturrecherchen ermittelt.

Durch Interviews mit IT-Verantwortlichen unterschiedlicher Branchen, wird ermittelt inwieweit die Administratoren von Unternehmensnetzen sich auf diesen Trend schon eingestellt haben, bzw. ob eine Entwicklung in diese Richtung überhaupt, aus der Sicht eines IT-Verantwortlichen, gewünscht ist. Desweiteren ist das Ziel, durch die gegebenen Antworten, ein Meinungsbild zu erhalten. Dieses Meinungsbild soll einen IT-Verantwortlichen in die Lage versetzen können, sich ein genaues Bild über die Chancen und Risiken zu machen.

IT-Verantwortliche von Hochschulrechenzentren werden ebenfalls Interviewt. Hierbei wurde versucht zu ermitteln, wie Consumer-IT im Hochschulnetzwerk ver-

---

[5] Abbildung entnommen von: ADAMS, 2008.

waltet wird und ob es Möglichkeiten gibt, das Modell des Hochschulnetzwerkes auf Unternehmensnetzwerke zu übertragen.

Weiterhin soll mit Hilfe einer SWOT-Analyse verdeutlicht werden, wie die Notwendigkeit einer Erneuerung der IT-Infrastruktur aufgezeigt werden kann.

1.3 Gang der Untersuchung

In Kapitel 2 werden zunächst die Grundlagen, welche im Zusammenhang mit der Consumer-IT und der Business-IT stehen erklärt.

Das Kapitel 3 zeigt die Technologien, welche es ermöglichen Consumer-IT in ein Unternehmensnetzwerk zu implementieren.

In dem Kapitel 4 geht es um Meinungsbilder von IT-Verantwortlichen in Unternehmen und Hochschulrechenzentren, zu unterschiedlichen Aspekten der „Consumerization of IT.

Durch das Kapitel 5 wird eine mögliche Vorgehensweise zur Ermittlung der Stärken und Schwächen sowie der Chancen und Risiken aufgezeigt. Es wird eine SWOT-Analyse Anhand eines fiktiven Unternehmens durchgeführt, welches eine Expansion plant.

Das Schlusskapitel gibt eine Zusammenfassung der Ergebnisse und einen Ausblick.

2   Grundlagen

2.1   Consumerization

„Consumerization will be most significant trend affecting IT during next 10 years"[6] diesen Satz vertraten die Analysten von Gartner im Jahr 2005 auf der ITxpo in Orlando.

Gemeint ist die steigende Akzeptanz und Verbreitung von Technologien wie Laptops, PDA`s, Smartphones sowie eine wachsende Nutzung von internetbasierten Angeboten durch verschiedene Endverbraucher. Durch die zunehmende IT-Nutzung ändern sich auch immer mehr die Bedürfnisse und die Erwartungshaltungen der Konsumenten, was sich auch im Unternehmensalltag widerspiegelt. Die Bedürfnisse drücken sich beispielsweise in der Nutzung unterschiedlichster Applikationen auf mobilen Endgeräten aus. Diese Applikationen beheben Probleme im Alltag oder erleichtern das Kommunizieren untereinander. Geht es nach den Anwendern solcher Endgeräte, möchten diese im Unternehmensumfeld nicht auf diesen Komfort verzichten. Die Erwartungshaltung wird u.a. durch die verstärkte Nutzung der IT im privaten Umfeld erhöht. Dies ist daran zu erkennen dass Anwender nach der Funktionsfähigkeit fragen, ob Applikationen des heimischen Computers, ebenfalls auf dem Firmencomputer vorhanden sind.

Doch wie kommen die Analysten von Gartner zu dieser Annahme: Bereits heutzutage sind Privatpersonen meist besser mit IT-Equipment ausgestattet als Unternehmen. Daher liegt es nahe das Arbeitnehmer ihr privates IT-Equipment mit in die Firma nehmen wollen, um auch dort mit den neuesten und vertrauten Tools und Technologien zu arbeiten.

Ein Beispiel untermauert die Annahme von Gartner: Als der amerikanische Präsident Barack Obama nach seinem Wahlsieg in das Weiße Haus einzog, stellten seine Mitarbeiter fest, dass überwiegend veraltete Desktops-PC zur Verfügung standen, auf denen dass einbinden von moderner Apple E-Mail Software nicht funktionierte. Dies war für den Beraterstab des Präsidenten ungewöhnlich, da Sie gewohnt waren, mit dem neusten Equipment und dem Web 2.0 zu arbeiten.[7]

---

[6] Vgl. GARTNER (2005).
[7] Vgl. ZDNET (2009).

Stellvertretend für viele macht der amerikanische Präsident deutlich, dass dem Anwender ein Umgang mit der IT immer selbstverständlicher wird und Kunden von IT-Beratungen wie auch zukünftige Mitarbeiter in Unternehmen genaue Vorstellungen von ihrer zur Verfügung gestellten IT haben. Durch diese genauen Vorstellungen ist ein Verzicht auf gewohnte Dienste und Dienstqualitäten am Arbeitsplatz sowie eine Unterbindung und untersagte Nutzung eigener Endgeräte für den zuvor beschriebenen Personenkreis immer weniger hinnehmbar.[8]

Um die Prognose von Gartner nochmals aufzugreifen wird in dem Hype Cycle des High Performance Workplace vom Jahr 2010 prognostiziert das in 5 bis 10 Jahren die Consumerization ihr volles Potenzial am Arbeitsplatz erreicht hat. „Der Hype Cycle geht davon aus, dass Technologie-Trends bestimmte Phasen durchlaufen. Die Grafik zeigt nicht an, welche davon tatsächlich die größten Veränderungen bringen".[9] Sondern, wann Sie in den unterschiedlichen Phasen, voraussichtlich auf die Tagesordnung der Unternehmen kommen. Bei der Consumerization wäre dies zwischen den Phasen „Trough of Disillusionment" (Absturz und Desillusionierung) und dem „Slope of Enlightenment" (Weg zu Einsicht).

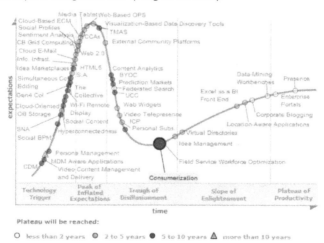

Abbildung 2 – Gartner Hype Cycle: High-Performance Workplace 2010[10]

---

[8] Vgl. HOLSCHKE (2009), S. 23.

[9] ZEITLER (2009).

[10] Abbildung entnommen von: GARTNER1, 2010.

2.2   Informationstechnologie

Die Informationstechnologie oder auch Informationstechnik (im Folgenden kurz: IT) ist ein Oberbegriff für Technologien welche Methoden zur Verarbeitung, Übermittlung und Verwendung der elektronischen Informationen bereitstellt.[11] Allgemein wird der Begriff für die digitale Informations- und Datenverarbeitung verwendet. Die IT umfasst eine Vielzahl von Technologien und Anwendungsmöglichkeiten und wird daher in ihren Anwendungsgebieten unterschieden.

Zu den in Abbildung 3 aufgezeigten Anwendungsgebieten gehört die Business-IT, welche für betriebswirtschaftliche Prozesse in Unternehmen zuständig ist, die Industrie-IT welche die Steuerung von Maschinen und Anlagen in Produktionsprozessen übernimmt, sowie die Kommunikations-IT welche benötigt wird, um Daten und Sprache zu übertragen und Multimedia-IT für Spielgeräte und -anwendungen sowie eingebettete IT die in Gütern z.B. in PKW's zu finden ist.[12]

Abbildung 3 – IT Bereiche[13]

---

[11] Vgl. KOLLMANN (2005).

[12] Vgl. MOCH (2010).

[13] Eigene Darstellung

Durch diese Einsatzgebiete der IT ist zu erkennen, dass wir in einer Zeit leben, in der Informationstechnologien ein fester Bestandteil unseres täglichen Lebens geworden sind und jeder Beruf sogar jede Wissenschaft mit der IT unausweichlich in Berührung kommt.

2.3 Buzzword

Das Buzzword heißt in der deutschen Übersetzung, Modewort und/oder Schlagwort[14] und wird im Duden als „prägnanter, oft formelhafter, meist leicht verständlicher u. an Emotionen appellierender Ausspruch, der oft als Parole, ... ( )... eingesetzt wird"[15] bezeichnet. Eine weitere Definition lautet: Mit einem Buzzword bezeichnet man im Englischen einen Begriff welcher beim Publikum besondere Aufmerksamkeit hervorrufen soll[16]. Darüber hinaus meint der Begriff bezogen auf Sozialoe Netze wie beispielsweise Facebook oder XING aktuell besonders relevante und von großem Interesse geprägte Themen.[17] Ein Beispiel für ein Buzzword ist: Web 2.0, welches bei Eingabe des Wortes in die Suchmaschine Google 920 Millionen Einträge (Stand: 21.04.2011) enthält. In dem Marketingbereich sowie in der Unternehmenskommunikation ist Web 2.0 längst ein etablierter Begriff, was verdeutlicht, dass einstige Buzzwords in vielen Fällen den Weg in die Umgangssprache gefunden haben.

2.4 Digital Natives / Digital Immigrants

Nach der Definition von Marc Prensky sind Digital Natives, Personen welche nach 1980 geboren wurden und insofern mit den grundlegenden Technologien der Zukunft, nämlich Handys und PC aufgewachsen sind. Der Begriff ins Deutsche übersetzt heißt so viel wie digitaler Eingeborener oder digitaler Einheimischer. Ein solcher Digital Native weiß wie Technologien im täglichen Leben einzusetzen sind und durch seine frühen Berührungspunkte mit der IT verarbeitet er Informationen anders als frühere Generationen. Er wird auch als native Speaker der digitalen Sprache von Computern, Videospielen und dem Internet bezeichnet.

---

[14] LEO (2011).

[15] DUDEN (2011).

[16] Vgl. o.V.: Buzzword. Online verfügbar unter: http://www.answers.com/topic/buzzword [Stand: 26.04.2011].

[17] Vgl. PREVENZANOS (2010).

Der Digital Native besitzt ein höheres Abstraktionsvermögen von großen Informationsquellen und ist das Gegenstück zum Digital Immigrant.

Die Jahrgänge vor 1980 werden von Prensky als Digital Immigrants bezeichnet, welche die Sprache des digitalen Zeitalters zwar erlernen können, aber fast immer mit einem „Akzent" sprechen werden. Dieser Akzent lässt sich in den folgenden zwei Beispielen der täglichen Büroarbeit verdeutlichen. Ein Digital Immigrant druckt häufiger E-Mails aus, um sie dann zu korrigieren. Er bestellt öfter Personen in sein Büro, um eine Internetseite anzuschauen, anstatt die URL zu verschicken.[18]

Die Definition von Prensky lässt keinen Spielraum in der Einordnung eines Digital Natives und eines Digital Immigrants. Diese beiden Gruppen werden nach Rohrmann anhand von persönlichen Fragen nochmals genauer spezifiziert. Rohrmann fragte sich: „Was macht uns zu Digital Natives?" und stellte einen Fragebogen zusammen. Dieser enthält Fragen wie „Benutzt du lieber Wikipedia als den Brockhaus" oder „Kennst du den Überweisungsträger nur noch aus Erzählungen?", mit dem Ergebnis lässt sich nochmals genauer eine Einordnung von Digital Native und Digital Immigrant ermitteln.

Unter den Bezeichnungen „Personalisierung", „mobile digitale Lösungen" und „Vernetzung" fasst Rohrmann die Hauptmerkmale des Digital Natives zusammen. In der Personalisierung geht es um die Anwendungen welche vom Digital Native gern selbst ausgewählt und auf eigene Interessen angepasst werden. Bei der mobilen Nutzung von digitalen Lösungen über z.B. Smartphones, werden alle Lösungen dem konventionellen Weg vorgezogen. Stellvertretend aufgeführt zwei Beispiele: Die Buchung von Konzert-Tickets erfolgt online und wird direkt nach erfolgreicher Buchung am heimischen Computer ausgedruckt, anstatt den Umweg über eine Konzertkasse zugehen. Bei der Deutschen Bahn ist es möglich das gebuchte Ticket auf ein Smartphone zu laden und somit wird kein Papierticket mehr benötigt. Digitale Medien sind die erste Informationsquelle von Digital Natives und dienen der gegenseitigen Vernetzung, insbesondere was die Problemlösung anbelangt.[19] Es werden häufiger Foren und Blogs, in welchen sich die Benutzer untereinander zur Problemlösung unterstützen, aufgesucht. Vergleichen könnte man dies mit der Nachbarschaftshilfe von früher.

---

[18] Vgl. PRENSKY (2001).

[19] Vgl. ROHRMANN (2010), S.46-52.

2.5   IT - Standardisierung

Allgemein wird die Standardisierung mit „Vereinheitlichung nach bestimmten Mustern" beschrieben und existiert in den verschiedensten Bereichen der Wirtschaft. Im Managementbereich ist die Rede von „Reduktion der intra- und interbetrieblichen Prozesskosten".[20]

In der IT wird Standardisierung häufig in Verbindung mit den Begriffen „Cloud Computing" oder „As-a-Service" Modelle gebracht.[21] Hierbei wird darauf abgezielt die IT zu industrialisieren, indem industrielle Methoden und Prozesse auf die IT übertragen werden. Von einer Industrialisierung ist die Rede, wenn für alle Prozesse verbindliche Standards definiert, über einen Katalog auswählbar und miteinander kombinierbar sind.

Ein Vergleich mit der Automobilbranche, „welches trotz eines Höchstmaßes an Standardisierungen die Zahl der Produktvarianten drastisch erhöht"[22], soll dies verdeutlichen. Hier werden die verbauten Komponenten zwar standardisiert und meist durch Externe geliefert, das Fertigprodukt wird daraus aber nach den Wünschen des Kunden nahezu individuell zusammengebaut.[23] Ein solches Szenario wird durch das Cloud-Computing bzw. durch die As-a-Service Modelle vorangetrieben, bei denn verschiedene Services extern eingekauft und miteinander kombiniert werden.

„Ziel der IT-Standardisierung ist es, IT-Services zu vereinheitlichen und Abläufe zu automatisieren um somit die Bedürfnisse der Kunden kostengerechter, flexibler und zuverlässiger – kurz wettbewerbsfähiger – zu befriedigen."[24]

Das Ziel der Standardisierung birgt jedoch auch Gefahren, so dass dadurch Wettbewerbsvorteile und Flexibilität eingebüßt werden. Der Vorteil, welcher durch eine Individualisierte und auf ein Unternehmen zugeschnittende Software, gegenüber den Mitbewerbern entstanden ist, könnte durch eine Standardisierung dieser Software verschwinden. Ebenso könnte die Flexibilität, welche durch beispielswei-

---

[20] GABLER (2011).

[21] Vgl. BAYER (2011), S. 15.

[22] COMPUTERZEITUNG (2009), S.10.

[23] Vgl. ebenda.

[24] ebenda.

se selbstprogrammierte Anwendungen erhört worden war, der Standardisierung zum Opfer fallen.

Die Standardisierung ist auch ein Weg hin zu neuen Services. Zurzeit sind die Systeme geräte-fokussiert, was bedeutet, dass jeder physikalische Rechner ein eigenes Betriebssystem besitzt und die Software auf diesem installiert wird. Die Zukunft könnte service-fokussiert aussehen. Ziel einer Service-Fokussierung ist es, Endgeräte (Smartphone, Tablets, PC) unabhängig des Betriebssystems, persönlicher Daten und Anwendungen bereitzustellen. (siehe Abbildung 4)

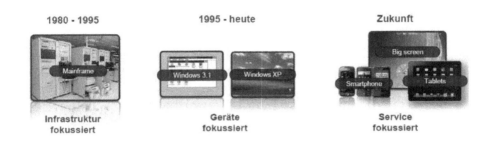

Abbildung 4 – Fokussierung[25]

---

[25] Abbildung entnommen von: CITRIX, 2011.

3 Technologien

3.1 Web-Anwendungen

Unter „Web-Anwendungen" werden Programme verstanden, welche Plattformun-abhängig über einen Browser aufrufbar sind. Die Web-Anwendungen werden per Internet, Intranet oder LAN an den Client bzw. Browser übertragen.[26] Somit muss zwingend eine Verbindung zwischen dem Client und dem Anwendungsserver be-stehen. Ein Offlinebetrieb ist damit nicht möglich. Sollten Systemänderungen nötig sein, sind diese nur am Anwendungsserver umzusetzen und nicht an jedem Client. [27] Ein mögliches Einsatzszenario von Web-Anwendungen in Unternehmen wäre, die E-Mails nicht mehr über einen Client (Microsoft Outlook oder Mozilla Firebird) zu empfangen, sondern über eine Web-Anwendung, welche über eine Internetseiten zur Verfügung gestellt wird.[28] Somit wäre eine Endgeräteunabhän-gigkeit geschaffen.

3.2 Virtualisierung

„Scheinbar, nur logisch vorhanden"[29] so wird der Begriff „Virtuell" im Deutschen Duden im Zusammenhang mit der Elektronischen Datenverarbeitung (im Folgen-den kurz: EDV) beschrieben. Der Begriff Virtualisierung, im Zusammenhang mit IT, lässt sich mit dieser Definition nur teilweise beschreiben, geht jedoch nicht weitgenug.

Vielmehr ist „Virtualisierung die Bezeichnung für Methoden, die es erlauben, Res-sourcen (wie Server, Applikationen, Desktops, Speicher, etc.) mit Hilfe von Soft-ware zu abstrahieren[30] und damit die Möglichkeit zum zentralen Zusammenfassen oder Aufteilen zu erhalten"[31], so zumindest lautet ein sehr offener Definitionsver-such nach Vogel. Dieser Versuch wird durch die Definition von Liebisch gestützt: „Die teilweise sehr unterschiedlichen Konzepte haben eines gemeinsam: Sie zie-len darauf, die logischen IT-Systeme von den physisch vorhandenen Hardware-Ressourcen zu abstrahieren. Dadurch wird es zum Beispiel möglich, unterschied-

---

[26] Vgl. ZIRKELBACH (2008).

[27] Vgl. IRMSCHER (2011).

[28] Vgl. MICROSOFT (2011).

[29] DUDEN (2011).

[30] abstrahieren, bedeutet in diesem Zusammenhang das Lösen der Anwendung von der Hardware.

[31] VOGEL (2010), S. 7.

liche Betriebssysteme gleichzeitig auf einem Computer zu betreiben oder mehrere räumlich verteilte Storage-Systeme zu einem einzigen großen Datenspeicher zusammenzufassen."[32]

In den nächsten Kapiteln wird genauer auf die Virtualisierungsarten von Servern, Clients, Anwendungen und mobile Endgeräte eingegangen. Dies ist nötig da es viele unterschiedliche Methoden der Virtualisierung gibt. Ebenso werden die Gründe für den Einsatz einer solchen Technologie und die technologischen Grundlagen aufgezeigt. Die Server-Virtualisierung wird zwecks der Vollständigkeit erklärt, findet jedoch keine direkte Anwendung bei möglichen Umsetzungen, der Einbindung von Consumer-IT in einem Unternehmensnetzwerk.

3.3   Server-Virtualisierung

Die Virtualisierung von Servern ermöglicht es, mehrere Instanzen unterschiedlichster Betriebsysteme zeitgleich auf einem physischen Rechner auszuführen. Eine Virtualisierungsschicht, welche die virtuelle Hardware bereitstellt, sorgt dafür, dass die einzelnen Gastsysteme gemeinsam die physikalischen Hardware-Ressourcen des Rechners nutzen können. Durch eine Isolation der einzelnen Gastsysteme ist ein Betrieb verschiedener Anwender ohne gegenseitiges Stören möglich. Obwohl es keine physikalischen Rechner sind, sehen die Gastsysteme für den Anwender, wie auch für andere Systeme im Netzwerk wie eigenständige Rechner aus.[33] Man spricht auch von einem Hypervisor des Typ 1.[34] Die Abbildung 5 soll dies verdeutlichen.

---

[32] LIEBISCH (2010), S. 72.

[33] Vgl. LIEBISCH (2010) S.73.

[34] Vgl. SOMMERGUT (2009).

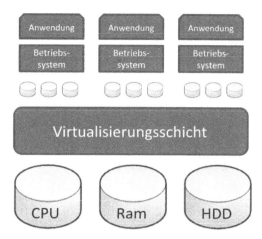

Abbildung 5 – Virtualisierungsschicht[35]

Das zentrale Zusammenfassen von Ressourcen wird beispielsweise in der Speichervirtualisierung verwendet. Das Ziel ist es, die physikalischen Eigenschaften (Festplattengröße) gegenüber dem Nutzer auszublenden. Durch diese Ansicht erscheint dem Nutzer der Speicherplatz als virtuell und ist somit nicht auf eine physikalische Festplatte beschränkt.[36]

Eine weitere Verwendung der Server Virtualisierung besteht darin, die Ressourcen aufzuteilen. Hierbei werden bei der Virtualisierung die physischen Ressourcen von großen Host-Systemen in kleine virtuelle Systeme aufgeteilt, welche wiederrum auf einem einzigen Host-System laufen. Dies hat zur Folge dass die Stromkosten sinken, dass Stellplätze im Rechenzentrum eingespart werden und die genutzten Ressourcen und zwar Prozessor-, Speicher und Festplattenkapazität, mehreren Systemen zur Verfügung stehen.[37]

Nach Härdter existieren drei Varianten welche die Virtualisierung unterscheiden. Die „Partitionierung", welche ein physisches System in mehrere virtuelle Systeme aufteilt und dadurch die Hardware besser auslastet. Zum anderen die „Aggregati-

---

[35] Vgl. DUNKEL (2010).

[36] Vgl. HÄRDTER (2010), S. 213.

[37] Vgl. POSCHEN (2009).

on", welche mehrere physische Systeme zu einem System zusammenfasst, um die Leistung zu erhöhen und darüber hinaus die „Emulation", welche die Aufgabe hat ein bestehendes System nachbilden, um somit das Vorhalten von unterschiedlichen Systemtypen zu reduzieren.[38] Der Vorteil bei der Emulation entsteht durch das Kopieren von Systeminstanzen. Die Systeme können somit in ihren Instanzen unterschiedliche Aufgaben erledigen. Beispielweise lässt sich ein Microsoft Windows 2008 Server in der einen Instanz als Datenspeicher verwenden und in einer zweiten Instanz als DNS Server.

3.3.1 Gründe für die Server-Virtualisierung

Konsolidierung und Ressourcennutzung:

Die Leistungsfähigkeit der heutigen Server wird in den meisten Fällen nicht mehr ausgelastet. Die Server arbeiten meist nur mit 10-15% der vorhandenen Leistung, was sehr ineffizient ist.[39] Durch Einsatz von virtuellen Maschinen können die benötigten physischen Rechner minimiert werden und damit die Ressourcennutzung der vorhandenen Server erhöht werden.

Flexibilität und Skalierbarkeit:

Durch Management-Tools kann die Verwaltung vereinfacht werden so ist es möglich im laufenden Betrieb eine virtuelle Maschine von einem physischen Server auf einen anderen zu verschieben, sowie neue Ressourcen (virtuelle Maschinen) schnell und flexibel zur Verfügung zu stellen.

Hochverfügbarkeit:

Der Ausfall einer virtuellen Maschine beeinträchtigt den Betrieb insoweit kaum, da die Aufgaben der ausgefallenden Maschine sofort von einer anderen virtuellen Maschine übernommen werden können. Zu beachten ist jedoch, dass eine Virtualisierung ebenfalls eine „Risikokonzentration auf wenige physische Server ist"[40].

---

[38] Vgl. HÄRDTER (2011) S.209.

[39] Vgl. BITKOM3 (2009), S. 5.

[40] ebenda, S.6.

Test und Entwicklung:

Das Testen von Software in unterschiedlichen Umgebungen ist bei virtuellen Systemen sehr komfortabel. Eine Weiterentwicklung von beispielsweise SAP-Modulen muss somit nicht mehr in der produktiven Umgebung stattfinden.

3.3.2 Technologische Grundlagen der Server-Virtualisierung.

Nach Liebisch wird meist zwischen zwei Ansätzen der Server-Virtualisierung unterschieden. Zum einen wird von der Host-basierten Virtualisierung gesprochen, welche die Virtualisierungsschicht auf ein bestehendes Betriebssystem (Host) installiert. Die Gastsysteme werden in virtuellen Maschinen erstellt und von der Virtualisierungsschicht verwaltet. Ein Nachteil dieses Modells ist, dass durch die dreistufige Architektur viel Rechenleistung verloren geht und die Zahl der gleichzeitig laufenden virtuellen Maschinen reduziert wird.[41] Als Bezeichnung für diese Technik wird Hypervisor vom Typ 2 oft verwendet.[42]

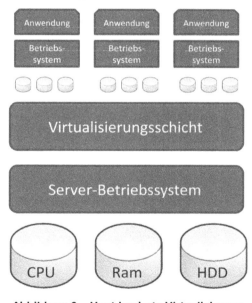

Abbildung 6 – Host-basierte Virtualisierung

---

[41] LIEBISCH (2010) S.73.

[42] Vgl. SOMMERGUT (2009).

Ein weiterer Ansatz ist das so genannte „Bare-Metal" (blanke Hardware) Konzept. Das Betriebssystem des Hosts entfällt und die Virtualisierungsschicht setzt direkt auf der Hardware auf (siehe Abbildung 5). Somit wird keine Mehrlast durch ein Basis-Betriebssystem des Hosts verursacht. Der „Bare-Metal" Ansatz unterscheidet sich nochmals in zwei Varianten.

In der ersten Variante, existiert eine vollständige Virtualisierung, welche jedem Gastsystem eine komplette Hardware-Umgebung vortäuscht. „Vorteil dieses Verfahrens ist, dass nahezu jedes beliebige Betriebssystem genutzt werden kann. Allerdings muss die Virtualisierungsschicht bestimmte Systemaufrufe des Gastsystems „on the fly" übersetzen, damit die virtuellen Maschinen sich bei der Nutzung der Hardware nicht gegenseitig stören"[43].

Die zweite Variante ist die Paravirtualisierung. Dem Gastsystem ist bekannt, dass es virtualisiert wird und die Kommunikation zwischen virtueller Maschine und Host-Hardware wird direkt über eine API (Programmierschnittstelle) abgewickelt. Durch die direkte Kommunikation ist die Paravirtualisierung zurzeit die leistungsstärkste Virtualisierungstechnik, wodurch gleichzeitig die Kosten für das Serverbetriebssystem des Hosts entfallen.[44] Die Gastsysteme können jedoch nicht ohne Modifikationen in eine Paravirtualisierte virtuelle Maschine übernommen werden. Dies hat den Nachteil, dass Betriebssysteme der Firmen Microsoft oder Apple, bei der Paravirtualisierung, kaum zum Einsatz kommen.[45]

3.4   Desktop-Virtualisierung

Allgemein wird unter dem Begriff Desktop-Virtualisierung die Bereitstellung der Arbeitsumgebung über das Netzwerk, welche das Betriebssystem, die Applikationen und die Daten von dem physikalischen Computer trennt, verstanden.[46] Die Virtualisierung von Desktops ist eine neue Technologie, welche es ermöglicht das Desktop-Management zentral zu steuern und somit u.a. Kosten einzusparen.[47] Der Zugriff auf eine Virtuelle Arbeitsumgebung wird über einen gewöhnlichen PC, Laptop, Smartphone oder Tablet ermöglicht.

---

[43] LIEBISCH (2009) S. 75.

[44] Vgl. WARNKE (2010) S.13.

[45] Vgl. TANENBAUM (2009) S.667.

[46] Vgl. CITRIX1 (2011).

[47] Vgl. VMWARE (2011).

Je nach Anwendungsszenario kann zwischen unterschiedlichen Ansätzen der Desktop-Virtualisierung gewählt werden. Eine genaue Beschreibung der unterschiedlichen Ansätze erfolgt in dem Kapitel 3.4.3 „Technologische Grundlage der Desktop-Virtualisierung".

3.4.1 Gründe für die Desktop-Virtualisierung

Die Gründe welche für eine Desktop-Virtualisierung sprechen sind u.a. die schnelle Bereitstellung von neuen Desktops, das Releasemanagement wird übersichtlicher und der Zugriff auf die virtuelle Maschine ist von überall möglich.

Konsolidierung und Ressourcennutzung:

Rollouts von Betriebssystemen werden zu einer zeitintensiven Aufgabe im IT Betrieb. Eine Möglichkeit diese Aufgabe zeitlich besser managen zu können, bietet die Virtualisierung von Desktops. Hier ist es nur nötig ein Image des neuen Betriebssystems zu erstellen und in die Umgebung einzubinden. Durch die zentrale Einbindung der Images werden Kosten und Zeit gespart. Mit neuen Service Packs oder Updates kann analog verfahren werden. Diese müssen nur einmal zentral installiert werden, anstelle des herkömmlichen Weges eines manuellen Updates pro Rechner.[48] Eine bessere Ressourcennutzung tritt zum einen im Rechenzentrum auf, da hier ähnlich der Server-Virtualisierung die vorhandenen Ressourcen auf die virtualisierten Anwendungen aufgeteilt werden können. Das Fraunhofer-Institut für Umwelt-, Sicherheits- und Energietechnik sieht ein großes Potenzial zum Umweltschutz, wenn die richtigen Endgeräte dem Anwender zur Verfügung gestellt werden. Hierbei geht es um den Einsatz von sogenannten „Thin Clients", welche mit stromsparender Hardware auskommen, da die Leistung von einem Server bezogen wird. Dies würde laut dem Fraunhofer Institut erheblich CO_2 einsparen.[49]

Flexibilität und Skalierbarkeit:

Eine optimale Ressourcenausnutzung von Arbeitsspeicher und Prozessgeschwindigkeit ist gut zu organisieren, da alle virtuellen Desktops auf Servern laufen welche eine zentrale Verwaltung ermöglichen.[50] Wird ein neues System für einen

---

[48] Vgl. LIEBISCH (2009) S.83.

[49] Vgl. LÖBERING (2008).

[50] Vgl. CITIRX1 (2011).

neuen Mitarbeiter benötigt, ist das innerhalb weniger Minuten realisierbar. Dies ist möglich, da die virtuellen Desktops einheitlich sind und das Endgerät frei wählbar ist. Im Falle eines Hardwaredefektes an einem physikalischen Endgerät ist ein Austausch ohne größere Datensicherungen möglich. Einen zusätzlichen Vorteil bittet die Möglichkeit des Verschiebens von virtuellen Desktops auf einen anderen Server.[51] Dies könnte beispielweise für Wartungszwecke oder einen manuellen Lastenausgleich genutzt werden. Sollte es nötig sein neue Businesssoftware auszurollen, geschieht dies nicht an jedem einzelnen Computer sondern wird zentral gesteuert. Die Nutzung neuer Software sttehe dem Client dadurch sofort zur Verfügung.[52]

Hochverfügbarkeit und Sicherheit:

Einige Anbieter bieten eine Offline-Verfügbarkeit der virtuellen Maschine an.[53] Dies bedeutet, dass ein Offline-Image auf dem Endgerät abgelegt wird, welches ohne Netzwerk bzw. Internet betrieben werden kann. Wenn das Offline-Image wieder Kontakt mit dem Netzwerk hat, findet eine Synchronisation statt. Die Offline Funktion würde somit auch einen Netzwerkausfall kurzfristig überbrücken. Eine Verteilung der virtuellen Desktops auf mehrere Virtualisierungschichten bzw. Servern ist möglich und würde bei einem Hardwareabsturz dafür sorgen, dass nicht alle Anwender betroffen sind.[54] Durch die Datenablage im Rechenzentrum ist eine Wiederherstellung sämtlicher Daten schneller und kosteneffizienter möglich, als wenn die Daten auf jedem Endgerät gespeichert werden. Das geistige Eigentum von Unternehmen kann durch das Speichern der Daten im Rechenzentrum ebenfalls geschützt werden. Durch angepasste Sicherheitseinstellungen in den virtuellen Desktops, könnten die Richtlinien des Unternehmens besser umgesetzt werden. Beispielweise wäre das Unterbinden fremder Softwareinstallationen möglich.

Test und Entwicklung:

Das Testen und Entwickeln von Software ist ebenfalls auf einer virtuellen Maschine realisierbar, da es möglich ist das System und somit alle Standardeinstellungen innerhalb weniger Minuten wiederherzustellen. In einer normalen Client/Server Architektur wäre dies durch die Neueinspielung eines Images zeitaufwendiger.

---

[51] Vgl. CITIRX1 (2011).
[52] Vgl. VMWARE1 (2011).
[53] Vgl. CITRIX1 (2011).
[54] Vgl. VWMARE1 (2011).

3.4.2 Technologische Grundlage der Desktop-Virtualisierung

3.4.2.1 Virtual Desktop Infrastruktur

Die technologische Entwicklung der Desktop Virtualisierung schreitet voran.[55] Hieß es vor wenigen Jahren noch, es sei technisch, beispielsweise durch eine zu niedrige Bandbreite nicht möglich Desktops zu virtualisieren, sind heute auf dem Markt einige namenhafte Hersteller zu finden, welche ausgereifte Anwendungen bereitstellen.[56] Als erster Hersteller ist an dieser Stelle die Firma Citrix zu nennen, welcher als erster Hersteller das Prädikat „Enterprise-Ready" für ihre Software XenDesktop 4 von der Burton Group bekommen hat.[57] Das Prädikat wird verliehen, wenn die Virtualisierungsoftware in den Bereichen Anwendungspraxis, Management und Sicherheit überzeugen kann.

Die Software Citrix XenDesktop setzt das sogenannte „Single-Image Management" ein.[58] Diese Technologie ermöglicht ein zentrales Systemimage bereitzustellen, anstelle eines persönlichen Images für jeden einzelnen Anwender. Die persönlichen Daten sowie die Anwendungssoftware werden mit dem Systemimage jedes Anwenders personalisiert bereitgestellt. Diese Technologie ist auch bekannt unter dem Namen Virtual Desktop Infrastruktur (im Folgenden kurz: VDI). Hierbei werden das Betriebssystem, die Anwendungen und die persönlichen Daten voneinander getrennt betrachtet und jedem Benutzer in einem in sich konsistenten Paket einzeln zugewiesen. Diese konsistenten Pakete werden, wie bei der Servervirtualisierung, auf einer Virtualisierungsschicht erstellt und gehostet. Die Darstellung von einem personalisierten Desktop kann vom entsprechenden Anwender von jedem beliebigen Computer oder mobilen Endgerät, über einen sogenannten Receiver hergestellt werden. Der Receiver ist eine Software welche auf dem Betriebssystem des physikalischen Rechners installiert sein muss.[59] Eine Verbindung, ähnlich der Bare-Metal Servervirtualisierung ist ebenso möglich, findet jedoch in dem Zusammenhang mit Consumer-IT im Unternehmensumfeld keinen Einsatz. Da dieses zur Folge haben würde, dass das Betriebssystem der Consumer-IT nicht mehr benötigt wird.

---

[55] Vgl. KÖTZING (2010).
[56] Vgl. RIEGLER (2010).
[57] Vgl. GARTNER2 (2010).
[58] Vgl. CITRIX1 (2011).
[59] Vgl. VMWARE1 (2011).

Die Verbindung zwischen einem physikalischem Rechner und einer virtuellen Maschine wird per Connection Broker aufgebaut. Beim Connection Broker handelt es sich um eine Software, welche für die Authentifizierung und die Kommunikation (An- und Abmeldevorgang) zwischen Desktopsystem und virtueller Maschine zuständig ist.[60]

Durch eine erfolgreich verlaufende Authentifizierung, wird dem Anwender eine persönliche, virtuelle Maschine zugewiesen und auf sein Desktopsystem übertragen. Nachdem die virtuelle Maschine nicht mehr benötigt wird, ist eine Abmeldung vom System notwendig. Der Connection Broker schaltet die virtuelle Maschine ab und gibt die Ressourcen wieder frei. Darüber hinaus ist eine weitere Funktion des Connection Brokers, die automatische Lastverteilung der verfügbaren Ressourcen, Vorrausetzung hierfür ist ein Zusammenschluss der Server zu einer Farm.[61]

Durch diese VDI-Technologie ist es möglich, sich von jedem beliebigen Desktopsystem, mit seinem personalisiertem System zu verbinden. Dadurch hat die IT-Abteilung eine bessere Kontrolle über die Softwarelandschaft als bei traditionellen PCs und kann trotzdem eine Personalisierung der Desktops zulassen.[62] Die Daten verlassen das Rechenzentrum nicht, sodass vertrauliche Informationen immer zuverlässig geschützt sind, was einen weiteren Vorteil darstellt.

---

[60] Vgl. IGEL (2011).

[61] Vgl. LAMP (2010) S.102.

[62] Vgl. VMWARE2 (2011).

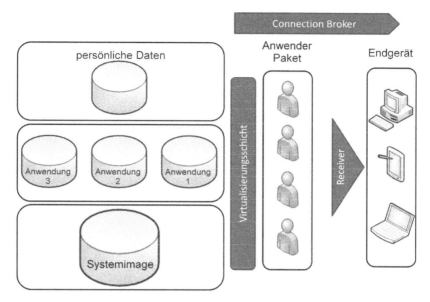

Abbildung 7 – Virtuelle Desktop Infrastruktur (VDI)

Schwächen in der VDI Umgebung kommen dadurch zustande, dass die Offline Verfügbarkeit nicht trivial ist und durch einen eventuellen Ausfall des Servers gleich mehrere Anwender betroffen sind. Die Ausfallsicherheit des Servers kann jedoch durch redundante Serverhardware erhöht werden. Die Offline Verfügbarkeit wird mit Model Lokale Virtuelle Maschine unter Punkt 3.4.2.3 ermöglicht.

3.4.2.2 Server Based Computing

Das Server Based Computing (im Folgenden kurz: SBC) wird bei der Vitalisierung von Anwendungen oder in ganzen Betriebssystemen eingesetzt, die für die Standardarbeitsplätze von mehreren Anwendern vorgesehen sind. Hierbei ist Umgangssprachlich auch von der Anwendungsvirtualisierung die Rede.[63] Die virtuellen Desktops werden voneinander isoliert, standardisiert und möglichst schlank gehalten.[64] Durch das SBC wird nicht der Arbeitsspeicher des Clients belastet,

---

[63] Vgl. VIERSCHRODT (2011).

[64] Vgl. TECCHANNEL (2002).

sondern der des Servers im Rechenzentrum, auf dem die virtuellen Desktops installiert sind.[65]

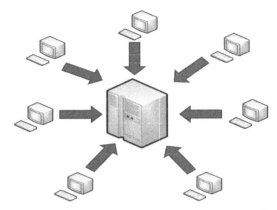

Abbildung 8 – Server Based Computing (SBC)[66]

Anwendungen und Daten verlassen niemals das Rechenzentrum, damit vertrauliche Informationen stets geschützt sind. Der physische Rechner ist nur noch für die
Eingabe der Daten zuständig, die Verarbeitung der Daten wird über den Server
abgewickelt und zurück an den Client gesendet.[67] Eine wichtige Voraussetzung
zum Betrieb eines solchen SBC ist jedoch, dass die Anwendungssoftware ein
Mehrbenutzersystem (multiuserfähig) ist und somit die Fähigkeit besitzt, Arbeits-
umgebungen für verschiedene Benutzer bereitzustellen und voneinander abzu-
grenzen.[68] Bei dieser Art der Virtualisierung sind eine Personalisierung und Systemänderungen seitens des Anwenders nicht möglich, was einen entscheidenden
Nachteil darstellt. Ein Vorteil von SBC ist die Ausgereiftheit gegenüber anderer
relativ junger Technologien.[69]

3.4.2.3 Lokale Virtuelle Maschine

Beim Modell des lokalen virtuellen Desktop wird die benötigte IT direkt auf dem
lokalen Endgerät des Benutzers, auf einer clientseitigen, virtuellen Maschine aus-

---

[65] Vgl. BITKOM4.

[66] Vgl. SCHNEIDERHEINZE (2011).

[67] Vgl. Ebenda.

[68] Vgl. LARISCH (2005) S.4.

[69] Vgl. LAMP (2009) S.104.

geführt.[70] Damit stellt dieses Modell eine ideale Lösung für Mitarbeiter dar, die häufig offline arbeiten müssen. Auf demselben physischen Laptop können dabei private und berufliche Desktops mit hoher Performanz ausgeführt werden. Die IT-Abteilung kann so die Business-Umgebung einfach verwalten und die Anwender können ihre private Umgebung flexibel nutzen. Die Desktops sind so voneinander isoliert, dass Sicherheitsprobleme, z.B. durch Virenbefall einer virtuellen Maschine nicht auf andere virtuelle Maschinen übergreifen können. Dieses Konzept bietet alle Vorteile einer VDI-Lösung (beispielsweise des persönlichen Desktops sowie der zentralen Betriebssystem Verwaltung) und ermöglicht dazu noch eine uneingeschränkte Offline-Nutzung. Daher ist die lokale, virtuelle Maschine besonders für Mobile Nutzer geeignet. Bei der nächsten Verbindung mit einem geeigneten Netzwerk werden Änderungen am Betriebssystem, an den Anwendungen und den Benutzerdaten automatisch mit dem Rechenzentrum synchronisiert, sodass stets die neusten Daten und Systemversionen zur Verfügung stehen.[71]

3.4.2.4 Gestreamte Desktops

Bei lokal gestreamten Desktops, bei denen Betriebssysteme von einem Hostsystem auf den physikalischen Rechner projiziert werden, wird ein zentrales Image im Rechenzentrum erstellt, aktualisiert und gewartet.[72] Durch die zentrale Ablage des Image steht dem Nutzer immer eine aktuelle Instant des Desktop Images zur Verfügung. Die Desktop-Images werden von einer virtuellen Festplatte (Virtual Hard Disk) gestartet und an den physikalischen Computer geliefert bzw. gestreamt. Die Rechenleistung wird nicht von dem Server im Rechenzentrum sondern vom dem physikalischen Rechner übernommen.[73] Daher lassen sich mit diesem Model vorhandene Computer in vollem Funktionsumfang nutzen und zugleich Support- und Verwaltungskosten senken. Dies ist zugleich der Unterschied zum Server Based Computing. Dieses Konzept gewährleistet den bestmöglichen nutzen für vorhandene Computer im Unternehmensnetzwerk. Denn pro Server kann eine Vielzahl von Benutzern unterstützt werden, da die Ressourcen nicht vom Server bereitgestellt werden. Für mobile Anwender sind diese Verfahren allerdings ungeeignet, da eine Netzwerkverbindung vorhanden sein muss. Ein entscheidender Vorteil: Gestreamte Desktops können auf jedem beliebigen PC bereitgestellt werden, so

---

[70] Vgl. CITRIX1 (2011).

[71] Vgl. Ebenda.

[72] Vgl. CITRIX2(2010).

[73] Vgl. CITRIX1 (2011).

kann die vorhandene Computer-Hardware für einen einfachen und kostengünstigen Einstieg in die Desktop Virtualisierung genutzt werden.

3.4.2.5 Gestreamte Anwendungen

Die Anwendungen sind der Grund, weshalb sich Images einzelner Abteilungen oder Benutzer voneinander unterscheiden. Statt spezifische Desktopimages mit installierten Anwendungen zu erstellen, können Applikationen auch als separater On-Demand Service bereitgestellt werden.[74] Dadurch vereinfacht sich einerseits die Anwendung und das Desktopmanagement, anderseits sinken die Betriebskosten der IT-Landschaft. Die IT muss nur eine einzige zentralisierte Instanz jeder Anwendung verwalten. Die Benutzer rufen die Applikationen über eine Selbstbedienungsoberfläche auf. Da die Anwendungen virtualisiert sind, können Sie als Service in physischen und virtuellen Desktops bereitgestellt werden. Die meisten Windows-Anwendungen können sogar on-demand, also auf Abruf, virtualisiert und auf die Desktopumgebung gestreamt werden.[75] Da sie voneinander isoliert sind, laufen auch inkompatible Anwendungen problemlos auf demselben Endgerät. Auch außerhalb des Rechenzentrums gehostete Web- oder Cloud-Angebote können zentral verwaltet werden. Die Benutzer greifen über eine unternehmensweite Bedienungsoberfläche, welche üblicherweise durch ein Programm auf dem Endgerät bereitgestellt wird, zu. Durch die zentralisierten Zugangskontrollen, kann die IT Abteilung ein hohes Maß an Sicherheit gewährleisten, ganzgleich welche Anwendungen die Benutzer benötigen. Durch die Zentralisierung können Anwendungen virtualisiert, isoliert, kontrolliert verwaltet und ganz nach Bedarf auch auf jedem virtuellen Desktop und für jeden Benutzer bereitgestellt werden.

---

[74] Vgl. VMWARE1 (2011).
[75] Vgl. RADONIC (2008).

4 Consumerization of IT

4.1 Consumerization in Unternehmen

Nachdem die Grundlagen durch Begriffserklärungen und Vorstellung der Virtualisierungsmodelle gelegt wurden, stellt sich nun die Frage, was IT-Verantwortliche diesem Trend gegenüberstehen und welche Aspekte es zu beachten gilt, wenn Consumer-IT in einem Unternehmen integriert werden soll.

Als Grundlage der Auswertungen dienen Antworten von IT-Verantwortlichen unterschiedlichster Branchen, gewonnen aus einem eigens für diese Analyse erstellten Fragebogen. Alle Fragebögen befinden sich im Anhang 1 dieser Arbeit, daher wird in den Fußnoten, nicht nochmals darauf hingewiesen sondern nur der Name des Befragten genannt. Desweiteren werden Umsetzungsansätze analysiert und daraus Anforderungen an ein standardisiertes Konzept abgeleitet (siehe Kapitel 4.1.4.). Ebenso lässt sich aus den Antworten die gegenwärtige Grundhaltung der IT–Verantwortlichen ableiten.

Es wird u.a. die Herkunft des Trends aufgezeigt und der IT-Helpdesk der Zukunft skizziert.

4.1.1 Herkunft des Trends

Wenn nach der Herkunft des Trends gefragt ist, gibt es bei dem Thema „Consumerization of IT" keine eindeutige Antwort. In den IT Abteilungen und Beratungshäusern gibt es derzeit die unterschiedlichsten Berührungspunkte mit der Thematik „Consumer-IT im Unternehmensumfeld" oder umgangssprachlich: „Bring your own Device" (im Folgendem kurz: BYOD). Im Beratungsumfeld gab es im Jahr 2000 schon das erste Aufeinandertreffen der Privaten- und Unternehmens-IT Welt, als es darum ging private PALM PDA (Personal Digital Assistant) in ein Firmennetzwerk zu integrieren. Dieses Jahr als Beginn der BYOD Welle zu definieren wäre jedoch falsch, weil die meisten PDAs aufgrund der Netzintegration und Funktionskonfiguration erst durch die internen IT Abteilungen ihren Weg genommen haben und dann den Anwendern im Unternehmen übergeben wurden. Dieses Szenario hat sich jedoch spätestens Ende 2007 mit der Einführung des Apple iPhones schlagartig geändert. Jetzt waren es nicht die IT Abteilungen, die das Gerät zuerst konfigurierten und geordnet in die Produktivumgebung einbrachten, sondern die Anwender – die das iPhone von zuhause mitnahmen und dieses für dienstliche Angelegenheiten nutzten. Die dienstlichen Angelegenheiten beschränkten sich nicht nur auf das Telefonieren, so wurden z.B. auch die Kalender und Adressbücher privat benutzter Handys und Smartphones synchronisiert. Die klare Unterscheidung zwischen einem dienstlichen und privaten Mobil-Endgerät wurde somit immer schwieriger und der Wunsch, nur ein mobiles Endgerät mit sich mitführen zu müssen, wurde immer größer. Die Abbildung 9 verdeutlicht an einem praktischen Beispiel diesen Wunsch. Die Abbildung zeigt einen Anwender mit seinem privaten Apple iPhone und dem dienstlich genutzten Blackberry.

Abbildung 9 – Anwender mit zwei unterschiedlichen Endgeräten[76]

Ein weiterer Treiber des Consumerization-Trends ist bei den Führungskräften zu erkennen, Sie möchten gerne die fortschrittlichsten Technologien in ihrem Unternehmen einsetzen, um somit einen Vorteil gegenüber den Mitbewerbern zu erlangen.

Bei der Betrachtung von Software, ist deutlich erkennbar, dass die Nutzung von privaten Tools im Unternehmensumfeld ein sich schon lange angekündigter Trend ist. Beispielsweise mit eigens programmierten Microsoft Access Anwendungen, die in einigen Fällen sogar zeitweise unternehmenskritische Funktionen übernommen haben. Dies ist durch eine nicht vorhandene Datensicherung äußerst kritisch. Ebenso gibt es Beispiele bei denen Unternehmensdaten an die private Mailadresse geschickt wurden, um sie dann zuhause auf dem privaten Computer mit einer speziellen Software, welche im Unternehmen nicht vorhanden ist, zu bearbeiten. Hierbei ist das Bedürfnis von Anwendern erkennbar, dass Dienste, welche Personen im privaten Gebrauch zur Verfügung stehen, ebenso im Unternehmen ein-

---

[76] Abbildung entnommen von: IMME, 2011.

setzbar sein sollten. Dieser Wunsch wurde durch Dienste wie Instant Messaging über Skype oder Mailaccounts mit fast unbegrenztem Speichervolumen noch verstärkt.

4.1.2 Positiver oder Negativer Trend?

Das vorige Kapitel bezog sich auf die Herkunft des Trends Consumerization. Im Folgenden steht die Frage im Mittelpunkt, ob IT-Verantwortliche dem Trend positiv oder negativ gegenüberstehen.

Wie der Fachpresse zu entnehmen ist, stellt das Argument einer steigenden Motivation des Anwenders, durch die Möglichkeit ein eigenes Endgerät selbst zu wählen, das am häufigsten positiv aufgeführte Argument dar.

In den Interviews tauchen ebenfalls einige Definitionen auf, die in diese Richtung gehen. Auffällig ist allerdings, dass das Wort „Motivation" bei Auswertung des Fragenkatalogs keine Nennung fand. Es wird von einer erhöhten Identifikation und Verantwortung der Mitarbeiter bzw. von der Möglichkeit der freien Endgeräteauswahl gesprochen. Diese freie Endgeräteauswahl wird jedoch nur im Zusammenhang mit einer Vorbereitung der Endgeräte seitens der IT-Abteilungen genannt. Unter einer Vorbereitung wird die eingeschränkte Endgeräteauswahl verstanden. Es sollten nur Endgeräte freigeben werden, welche die Integration erfolgreich ermöglichen. Die Auswahl ist einzuschränken, da ansonsten die unzähligen unterschiedlichen Betriebssysteme nach ihrem Integrationsgrad geprüft werden müssten. Das ist notwendig, weil es bei Endgeräte bzw. Betriebssystemen neueren Datums oftmals an geforderten Integrationsfunktionen mangelt oder dieser ungenügend unterstützt werden. Diese Integrationsfunktionen können u.a. die Sicherheit oder das zentrale Verwalten der Endgeräte sein.

Eine Reduktion komplexer Beschaffungszyklen und damit auch weniger gebundenes Kapitals sowie die Verschmelzung von privatem und beruflichem Engagement (soziale Netze) wurden ebenfalls als positive Aspekte genannt. Der Beschaffungsprozess nimmt durch z.B. Endgeräte-Leasing, Einkauf, Garantieverwaltung und Abschreibungen Arbeitskräfte in Anspruch. Dieser zusätzliche Arbeitsaufwand würde durch die Nutzung der privaten Endgeräten geringer ausfallen.

Insgesamt ist festzustellen, dass eine leicht-positive Tendenz für Consumerization überwiegt, jedoch ist hierbei zu beachten, dass die negativen Faktoren ebenfalls zu beachten sind. (siehe Kapitel 4.1.6.) Die Auswertung der Fragebögen hat ergeben, dass 75% der befragten (9 Personen) dem Trend positiv gegenüber und 25% (3 Personen) negativ stehen. In Abbildung 10 wird dies verdeutlicht.

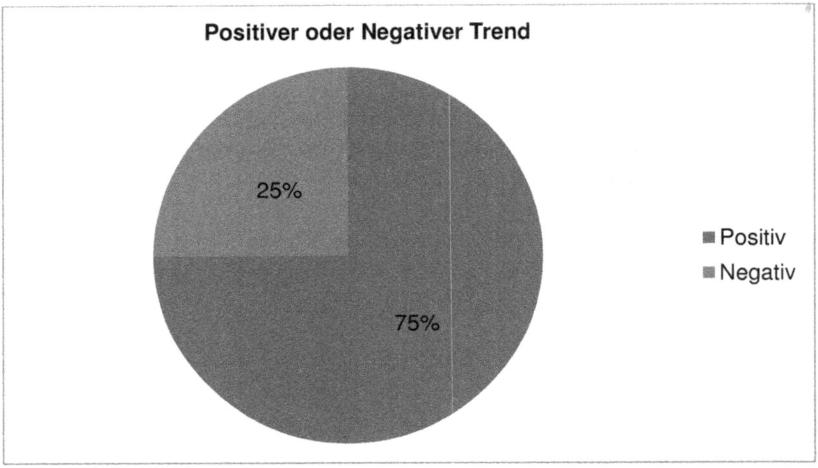

Positiver oder Negativer Trend

25%

■ Positiv
■ Negativ

75%

Abbildung 10 – Positiver oder Negativer Trend (Auswertung)

4.1.3   Durch Consumer-IT den Innovationsdruck reduzieren?

Im Fokus der Betrachtung steht die Aussage: „Consumerization ist für die IT-Branche eine Möglichkeit dem wachsenden Innovationsdruck etwas entgegen zu setzen", welches es im Folgenden zu diskutieren gilt. Es wird deutlich, dass der Innovationsdruck erst durch die Consumer-IT ausgelöst wurde, denn durch die kürzeren Innovationszyklen in der Consumer-IT Branche sind die Hersteller ange-halten immer neue Endgeräte, mit teils sinnvollen - teils sinnlosen Funktionen, auf den Markt zu bringen. Genau diese Endgeräte sind es, bei denen es sich lohnt als IT-Verantwortlicher eine Integration abzuwiegen. Hierbei ist zu entscheiden, ob eine aufwendige Integration nötig ist, die Integration nach einem Standardprozess möglich ist oder der Release eines besseren Endgerätes abgewartet werden soll-te, welches die Unternehmensanforderungen erfüllt. Desweiteren muss der Inno-vationsprozess durch die Unternehmenskultur unterstützt werden, sonst könnten die erkannten Einsparungs- und Optimierungspotenziale zwar einerseits erkannt werden, jedoch scheitert es dann oftmals auf der Seite des TOP-Managements an der Umsetzung und Unterstützung.

Es ist zudem branchenabhängig, ob aus der Consumer-IT Innovationen entstehen können, welche auf die berufliche Umgebung positive Auswirkungen haben könnten. Besonders problematisch wird es dann, wenn durch zu viel betriebenen Integrationsaufwand oder gar ziellosem Integrieren von Consumer-IT, die möglichen Innovationen hinten an stehen müssen oder nicht erkannt werden. Bei aller Consumer-IT im Büroalltag sollte nicht vergessen werden, an welchen Stellen es zwingend notwendig ist, Innovationen Einlass zu gewähren. In der Zentrale bzw. dem Rechenzentrum, sind Innovationen beispielsweise ein fester Bestandteil, um die Sicherheit und die Dynamik der Consumer-IT in den Griff zu bekommen.

Die Auswertung der Fragebögen hat ergeben, dass nur 17% der befragten (2 Personen) die Chance sehen den Innovationsdruck zu reduzieren. 83% (10 Personen) sehen durch Consumer-IT keine Reduzierung des Innovationsdruckes. In Abbildung 11 wird dies verdeutlicht.

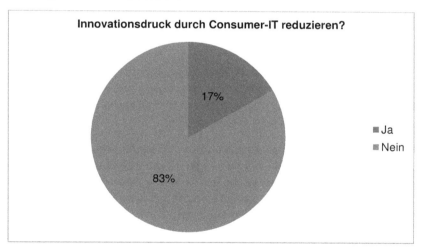

Abbildung 11 – Innovationsdruck (Auswertung)

4.1.4 Projekt: „Consumer-IT im Unternehmensnetzwerk"

Der erste Schritt ist ein klassisches IT-Projekt, beispielhaft mit den PRINCE2 oder PMBoK Methoden, aufzusetzen. Die Unterstützung des Managements, für ein solches Projekt, wird hierbei vorausgesetzt.

Durch eine Anforderungsanalyse wird ermittelt bei welcher Gruppe von Personen es Sinn machen würde, die Consumer-IT einzubinden. Es ist für jeden verständlich, dass die Einbindung eines sogenanntem „blue color worker" wenig Substanz hat, da dieser lediglich einen funktionierenden Computer am Band erwartet und die Nutzung eines eigenen Endgerätes als nicht notwendig erachtet.

Desweiteren werden bei der Analyse auch die Applikationen ausgewählt, welche über einen Service der Consumer-IT bereitgestellt werden sollen. Die Bereitstellung als Service ist notwendig, um die gewünschten Applikationen fehlerfrei auf den Consumer-IT auszuführen. Die Anforderungsanalyse sollte z.b. in Workshops, gemeinsam mit den Key-Usern ausgewählter Bereiche, noch genauer definiert werden, um eine Sicht aus allen Blickwinkeln zu erhalten. Dabei ist es möglich die Anforderungen, Wünsche und Bedenken der Mitarbeiter zu kanalisieren und diese im nächsten Schritt als Entscheidungsgrundlage heranzuziehen. Ein wichtiger Punkt zu einer erfolgreichen Umsetzung ist die Unterstützung des Managements, welches vorzugsweise eine einheitliche und eindeutige Stellungnahme diesbezüglich abgeben sollte und damit signalisiert, hinter dem Projekt zu stehen. Existieren im jeweiligen Unternehmen Regeln, gilt es diese zu beachten und wenn nötig, anzupassen.

Zudem muss eine entsprechende IT-Infrastruktur geschaffen werden, die das Einbinden von Consumer-IT ermöglicht. Mögliche IT-Infrastrukturen sind im Kapitel 3 aufgeführt. Bestenfalls existiert eine derartige IT-Infrastruktur schon und ermöglicht es so die Consumer-IT nahtlos zu integrieren.

Vor der Integration und Inbetriebnahme sollten die Nutzer über die Zuständigkeiten bzgl. des Supports und möglicher Reparaturen aufgeklärt werden. Es muss klar definiert werden, ob Ersatzgeräte zur Verfügung stehen und wo die Grenze des Unternehmenssupports aufgrund der Kosten und Ansprüche liegen. Desweiteren sind die Anforderung seitens der Sicherheit zu definieren und zu kommunizieren. Das sind alles Punkte, die genauestens in den neuen Regelungen oder SLA (Service Level Agreements) festgehalten werden müssen, um eventuelle Regressansprüche auszuschließen. Abbildung 10 zeigt das beschriebene Vorgehen in Grafischer Darstellung.

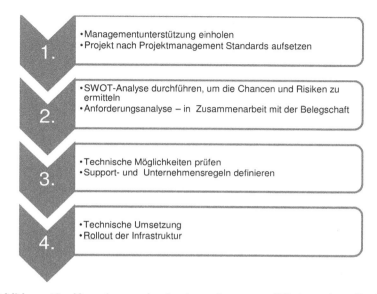

Abbildung 12 – Vorgehensweise in einem Consumer-IT Integrations-Projekt

4.1.5 Positive und negative Aspekte für Mitarbeiter

Sollte sich ein Unternehmen für ein Projekt zur Einführung der Consumer-IT entscheiden, sollten Mitarbeiter bestimmte Aspekte wie bspw. ihre Anforderungen, Bedenken und Wünsche in dem empfohlenem Workshop formulieren. Diese Aspekte versuchten die befragen IT-Verantwortlichen, im Rahmen eines Interviews, genauer zu definieren.

Einer der meist genannten positiven Aspekte für die Mitarbeiter, war die freie Auswahl der Endgeräte, wodurch sich die Unternehmen einen Motivationsschub seiner Mitarbeiter erhofften. Der Motivationsschub wird durch das Gefühl, die Umgebung selbst gestalten zu können, hervorgerufen. Wird das gleiche Endgerät auch privat genutzt, ist der Umgang und somit auch das Arbeiten natürlich viel vertrauter, als wenn der Nutzer zwischen unterschiedlicher Hardware oder Betriebs- und Programmversionen wechseln muss.

Es wurde auf eine vermehrte Verschmelzung der privaten und beruflichen Umgebung hingewiesen. Diese Verschmelzung wird jedoch auch als negativ empfunden, da hier noch nicht abzusehen ist, wie diese Entwicklung sich in Zukunft auf das Leben auswirken wird. Ein Wunsch in Richtung IT-Management wird es sein, eine genaue Regelung zutreffen, wie mit privat angeschaffter Hardware im Schadensfall umzugehen ist. Es werden Fragen auftauchen wie: „Wer kommt für den Schaden auf, wenn ein Gerät im Firmeneinsatz kaputt geht?". Ebenso muss die Supportfrage im Vorfeld geklärt werden, um keine Missverständnisse bei den Mitarbeitern aufkommen zu lassen. Die Supportfrage muss nicht nur bei der Hardware geklärt werden: Ähnlich verhält es sich auch auf der Softwareseite. Hier werden Fragen auftauchen, inwieweit eine Unterstützung der Mitarbeiter bei Systemen wie z.b. Apples Mac OS oder diversen Linux Distributionen möglich ist. Auch die Fragen: „Muss das Know-how bei den Supportmitarbeitern für jedes Endgerät und Betriebssystem vorhanden sein oder wird der Support nur für z.b. die virtualisierten Applikationen gewährleistet?" sind zu beantworten. Damit sich die positiven Aspekte nicht in negative wandeln, müssen deshalb Regeln ausformuliert und jedem Mitarbeiter bekannt gemacht werden.

Durch die persönliche Wahl des Endgerätes wird es dazu kommen, dass die Anwender mit ihren Endgeräten sorgfältiger Umgehen und sich ausgiebiger mit diesen beschäftigen. Auf der anderen Seite wird durch diese Wahl dem Anwender natürlich mehr Verantwortung aufgebürdet, was wiederrum als ein negativer Aspekt für die Mitarbeiter verstanden werden kann.

Den sogenannten Digital Immigrants oder Mitarbeiter mit weniger IT-Affinität müssen die Bedenken genommen werden, dass Sie hinter den Digital Natives zurückfallen. Mit „zurückfallen" ist gemeint, dass den Mitarbeitern mit privaten Endgeräten mehr individuelle und vertraute Software zur Verfügung stehen könnte und somit eine optimalere Bearbeitung von beispielsweise Präsentationen möglich würde. Ein denkbares Szenario wäre, dass die Mitarbeiter mit privaten Endgeräten und ggf. vorhandenen Anwendungen, den Digitial Immigrants diese neue Technologie näher bringen und somit ein Wissenstransfer stattfinden könnte. Diese Möglichkeit neue Arbeitswerkzeuge in das Unternehmen zu bringen, sollte nicht unterschätzt werden, da hierbei versteckte Potenziale sichtbar werden könnten. Jedoch ist es genau dieses Szenario welches Sicherheitsbedenken aufkommen lässt. Wenn es einem Mitarbeiter möglich ist, Unternehmensdaten aus der virtuellen Umgebung/Applikation auf seine private Umgebung zu transferieren, ist eine Datensicherheit nicht mehr gewährleistet. Es ist also zwingend erforderlich klare Regeln zu definieren, welche Daten mit privater Software bearbeitet werden dürfen und welche ausgeschlossen sind. Eine andere, sehr strikte Lösung wäre es, den Datentransfer von der virtuellen Umgebung zur privaten Umgebung komplett zu unterbinden, was aber wiederum den Vorteil, der Funktionen von privater Software, einschränken würde.

4.1.6 Chancen und Risiken für Unternehmen

Nachdem die positiven und negativen Aspekte für die Mitarbeiter erläutert wurden, werden jetzt die Chancen und Risiken für ein Unternehmen beschrieben, das Consumer-IT in seinem Netzwerk gestattet.

Als erstes wurden hierbei die verringerten Kosten, für die Beschaffung von Arbeitsplatzcomputern genannt, was zur Folge hat, dass die Kapitalbindung des Unternehmens sinkt.

Die Zufriedenheit, sowie die Produktivität der Mitarbeiter kann sich erhöhen, was jedoch bislang nur Annahmen sind, da sie noch nicht wissenschaftlich belegt sind. Fakt ist bisher nur, dass durch einen sehr langen gleichbleibenden Standard der Technik, die Mitarbeiter eher demotiviert werden und damit weniger produktiv sind.

Eine Chance ist es durch neue IT-Infrastrukturen, Schritte in Richtung Service-Fokussierung zu ermöglichen. Ziel ist es hierbei die Software von der Hardware zu trennen und somit die Flexibilität der Endgerätewahl zu ermöglichen. Durch diesen Schritt werden die klassischen Arbeitsplatzcomputer aussterben und der hohe Supportaufwand für Arbeitsplatzcomputer wird reduziert sowie die Verwaltung der Anwendungen zentralisiert. Anderseits ist die Reduktion des Supportaufwandes ein primäres Thema beim Clientmanagement, hierbei wird durch die Softwareverteilung und Fernwartung ein Großteil des IT-Budgets verbraucht. Die zentrale Verwaltung von Anwendungen würde die Administration vereinfachen und effektiver gegenüber den lokal installierten Anwendungen machen. Durch die Trennung von Anwendung und Betriebssystem bzw. Hardware wäre es möglich für Anwender mit Standardsoftware Thin Clients einzusetzen und für mobile Anwender oder Anwender mit spezieller Software eine flexiblere Endgeräteauswahl zu ermöglichen.

Ein Wechsel zur Service-Fokussierung bringt zudem die Chance, den Wandel von einer statischen hin zu einer dynamischen Laufzeitabrechnung zu ermöglichen. Das würde heißen, eine Software wird nicht mehr durch einen Pauschalbetrag gekauft, sondern auf Stundenbasis bzw. eine bestimmte Nutzungsdauer angemietet. Diese Laufzeitabrechnung befindet sich jedoch noch in der Entwicklungsphase und wird zurzeit überwiegend mit der Thematik „Cloud Computing" in Verbindung gebracht.

Die Attraktivität des Unternehmens soll für zukünftige Arbeiternehmer durch Consumer-IT erhöht werden und besonders die „Digital Natives" und „High Potentials" ansprechen. Durch den Einsatz von Consumer-IT im Unternehmensumfeld ist es möglich neue Wege zu entdecken, in dem beispielweise eine Kundenbindung über Consumer-IT hergestellt wird. Die Firma MINI hat ein App für das Apple iPhone entwickelt, welche dem Fahrzeughalter ermöglicht, den Status und relevante Informationen seines Autos grafisch übermittelt zu bekommen (per USB Schnittstelle). Dieses zusätzliche Feature stellt für den Kunden einen Mehrwert dar und verstärkt gleichzeitig die Kundenbindung.

Abbildung 13 – MINI App[77]

Durch unterschiedliche Typen von Endgeräten steigen die Risiken einer Erhöhung der Supportkosten. Dieses Risiko lässt sich jedoch durch klar definierte Regeln minimieren.

Die Gefahr des Datenverlustes würde durch den Betrieb von beispielsweise virtualisierten Anwendungen ebenso minimiert werden. Es besteht die Möglichkeit wie in Kapitel 4.1.5 beschrieben, das Kopieren von Daten, welche sich in der virtualisierten Umgebung befinden, zu unterbinden.

Der Begriff Security wird unweigerlich mit Risiken für das Unternehmen verbunden. Hierbei muss beispielsweise klar definiert werden, welcher Virenscanner für die Nutzung der Endgeräte empfohlen wird. Dies reicht jedoch nicht aus um ein Firmennetzwerk vor schadhafter Software zu schützen, weshalb die Anwender

---

[77] Apple App Store, App: Mini Connected (2011).

auch weiterhin mit dem richtigen Umgang der IT sensibilisiert werden müssen. Dies kann durch Workshops passieren, in denen beispielsweise der Übergriff durch einen Hacker oder der Befall eines Computers mit einem Wurm bzw. Virus, simuliert wird. Damit soll den Anwendern gezeigt werden, welcher Gefahr sie sich aussetzen, wenn sie unvorsichtig im Internet surfen.

Ein gewisser anfänglicher Aufwand ist mit der Virtualisierung der Anwendungen verbunden, denn es muss geprüft werden, inwieweit die vorhandene Software sich über ein solches Model abbilden lässt und wie performant dies bei unterschiedlichen Endgeräten bzw. Betriebssystemen funktioniert.

Die Vorteile der Consumerization muss den Mitarbeitern sauber kommuniziert werden. Sonst besteht die Möglichkeit, dass die Mitarbeiter das Projekt nicht unterstützen. Denn durch Veränderung in einem Unternehmen entstehen auch neue Probleme, welche vorher nicht im Fokus der Betrachtung standen. Um diese unbekannten Kostengrößen bei der vorliegenden Thematik zu identifizieren, ist es dringend notwendig ein strukturiertes Risikomanagement aufzusetzen und somit ggf. Risiken frühzeitig zu erkennen.

4.1.7 Der IT-Helpdesk der Zukunft

Heutzutage wird eine klassische Hotline-Struktur nach „ITIL" ausgerichtet. Prinzipiell ist dabei ein Helpdesk in einem Unternehmen über Telefon für jeden Anwender erreichbar. Dabei versucht der verantwortliche Mitarbeiter im ersten Schritt das IT Problem per Remotezugang auf dem Computer des Anwenders zu lösen. Sollte dies zu keiner Lösung führen, wird ein Mitarbeiter des Helpdesks zu dem Anwender geschickt, um vor Ort das Problem schnellstmöglich zu lösen. Wird auch dort das Problem nicht gelöst, ist es notwendig, sich an eine übergeordnete Fachabteilung oder an die Support-Hotline des Herstellers zu wenden. Was passiert jedoch wenn die Rechner nicht mehr standardisiert von den IT-Abteilungen ausgeliefert werden?

IT-Verantwortliche sind sich hierbei einig, dass es in der Zukunft eindeutige Regeln geben muss, inwieweit der Support gewährleistet wird. Dies fängt bei der Hardware an, geht über das verwendete Betriebssystem, bis zur benutzten Software des Anwenders. Eine solche Regelung ist zwingend notwendig um zu vermeiden, dass es Unstimmigkeiten in der Belegschaft, wie auch in den IT Abteilungen, gibt.

Eine sehr strenge Regelung könnte beispielsweise sein, dass nur noch die Netzwerke, sprich die Grundlagen für ein funktionierendes Netzwerk unterstützt werden und die bereitgestellten Anwendungen, die durch Virtualisierung abgebildet sind. Diese Regelung bedarf jedoch einer sehr deutlichen Kommunikation an alle Mitarbeiter.

Der Helpdesk muss sich zukünftig auf neue Fehlermeldungen durch Consumer-IT einstellen. Möglicherweise werden es aber insgesamt weniger Themen sein, welche auf einen Helpdesk zukommen.

Wenn also entsprechende Regeln für die Einführung und den Betrieb von Consumer-IT im Unternehmensnetzwerk vereinbart sind, ist es möglich, dass der Helpdesk geordneter abläuft als das heutzutage der Fall ist. Ein Problem der klassischen Helpdeskstruktur sind die undefinierten Zuständigkeiten zwischen Anwendern und IT-Abteilungen. Diese Zuständigkeiten sollten normalerweise in SLAs geklärt sein - jedoch sieht es in der Wirklichkeit anders aus. Besonders viel Diskussionsbedarf besteht hierbei, wenn die IT-Abteilung an einen Dienstleister outgesourct ist und die Verantwortlichkeit für ein Problem keinen Adressaten findet.

Da bei einer Einführung der Consumer-IT klar definiert sein sollte, für welche Bereiche der Helpdesk genau zuständig ist und an welchen Stellen kein Support geleistet werden muss, kann die Bearbeitung der Störung beispielweise nach einem Entscheidungsbaum stattfinden. Der Entscheidungsbaumansatz wird durch die Entkopplung von Hardware und Software unterstützt. Dabei steigt die Übersichtlichkeit sowie Identifikation der Fehlerquelle; eine entsprechende Verantwortung kann so schneller ermittelt werden. Ein Beispiel eines Entscheidungsbaumes ist in Abbildung 12 dargestellt.

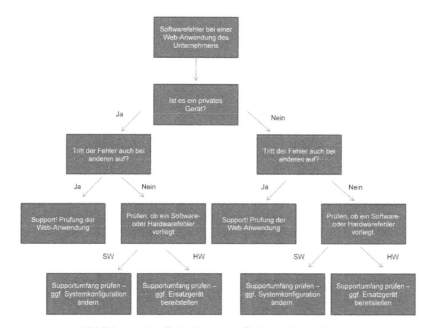

Abbildung 14 – Beispiel eines Entscheidungsbaum

Eine weitere mögliche Lösung wäre eine Unterscheidung zwischen Digital Natives und Digital Immigrants im Bezug auf Supportleistungen zu machen. Das würde bedeuten, dass einem jüngeren Menschen öfters Supportleistungen verweigert werden würden, als einem älteren Menschen.

4.1.8 Verständnis für IT-Ausfälle

Durch Consumer-IT ist nach Meinung der IT-Verantwortlichen kein erhöhtes Verständnis für IT Ausfälle bei den Anwendern zu erwarten, was nach Meinung von Experten unterschiedliche Gründe hat. Dabei ist festzuhalten, dass an die Unternehmens-IT höhere Anforderungen in puncto Qualität gestellt werden und dadurch die Kosten für Software und Hardware im Unternehmenseinsatz deutlich höher sind, als es im privaten Umfeld der Fall ist. Durch diesen bezahlten Qualitätsunterschied ist eine erhöhte Erwartungshaltung an die Unternehmenssoftware und – hardware vorhanden. Es ist nicht zu erwarten, dass durch Consumer-IT diese Erwartungshaltung sinkt. Hierbei wird erwartet, dass die Supportmitarbeiter absolute Spezialisten auf ihrem Gebiet sind und vorhandene Probleme schnell lösen können.

Das Verständnis für IT-Ausfälle lässt sich dennoch nicht an bestimmten Anwendergruppen pauschalisieren. So gibt es auf der einen Seite Anwender, welche dankbar über jede Problemlösung sind und anderseits jene Anwender, die aufgebracht und belehrend bei der Lösung eines Problems reagieren. Dabei wird deutlich, dass die zweitgenannte Gruppe eher den Anwendern zuzuordnen ist, die sich auch im privaten Umfeld mit der IT beschäftigen.

Im Zusammenhang mit dem Verständnis der Anwender wurde eine weitere interessante Sichtweise aufgedeckt: Dabei ist zu hinterfragen, wofür eigentlich IT im Unternehmen eingesetzt wird. Nämlich überwiegend dafür, um notwendige Geschäftsprozesse optimal mit IT-Services zu unterstützen. Kommt es in einem Unternehmen zum IT-Ausfall, ist in erster Linie das Unternehmen betroffen, dem dadurch Opportunitätskosten entstehen. Der Anwender ist zwar in gewisser Weise auch betroffen, jedoch entsteht diesem persönlich kein finanzieller Schaden.

Die Auswertung der Fragebögen hat ergeben, dass 25% der befragten (4 Personen) die Chance sehen, dass das Verständnis für IT-Ausfälle bei der Belegschaft wächst. 75% (8 Personen) meinen das Verständnis wird sich nicht ändern. In Abbildung 15 wird dies verdeutlicht.

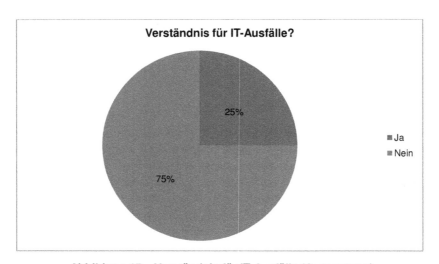

Abbildung 15 – Verständnis für IT-Ausfälle (Auswertung)

4.1.9 Unternehmensregeln

Wird das Mitbringen von privaten Endgeräten in Unternehmen unterbunden, sind sich der überwiegende Teil der IT-Verantwortlichen einig, werden die Mitarbeiter trotzdem Mittel und Wege finden, wie Sie ihre liebgewonnene Hardware und/oder Software im Unternehmensumfeld einsetzten können. Dieser unerlaubte Einsatz bedeutet aber, dass Endgeräte an der IT-Abteilung vorbei gehen und einen erheblichen Unsicherheitsfaktor im Netzwerk darstellen. Fest steht, dass ein langfristiges Unterbinden nicht möglich sein wird und Verbote, selten zum Erfolg im Unternehmen beitragen. Die Consumer-IT im Unternehmensumfeld muss deshalb aktiv von den IT-Abteilungen zu einem wichtigen Thema deklariert und behandelt werden, soweit sind sich alle befragten Verantwortlichen einig.

Außerdem fördert es das Personalmanagement beim Recruting von Nachwuchskräften. Es wird zwar kein Hauptkriterium für die Jobwahl sein, aber eins unter vielen, soweit besteht ebenfalls Konsens. Die Consumer-IT im Unternehmen wird ein zunehmend elementarer Bestandteil von höher qualifizierten Mitarbeitern sein. Der Wunsch zukünftiger Mitarbeiter, die Consumer-IT einzusetzen, wird während des Studiums noch verstärkt. Das sollte jedoch nicht zur Folge haben, dass Unternehmensnetzwerke wahllos mit Consumer-IT überflutet werden. Dabei bedarf es ebenfalls konkreter Vorgaben, andernfalls wäre ein konsequentes Verbot tatsächlich als risikoärmer einzuschätzen. Von Seiten der Anwender werden Unternehmen auf wenig Gegenwehr stoßen, würde ihnen zunächst nur eine beschränkte Servicefunktion (bspw. Mailfunktion) eingeräumt werden, bevor umfangreichere Anwendungen folgen können.

Die Auswertung der Fragebögen hat ergeben, dass nur 17% der befragten (2 Personen) Consumer-IT per Unternehmensregel verbieten würden. 83% (10 Personen) sprechen sich gegen ein Verbot aus. In Abbildung 11 wird dies verdeutlicht.

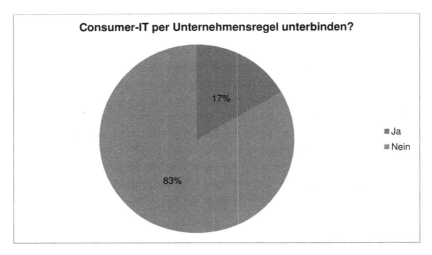

Consumer-IT per Unternehmensregel unterbinden?

17%

83%

- Ja
- Nein

Abbildung 16 – Unternehmensregeln (Auswertung)

4.1.10 Kostensenkung durch die Benutzung privater Endgeräte?

Das Ziel von IT-Projekten besteht überwiegend darin, schneller und auch effektiver Prozesse zu unterstützen, um dadurch einerseits Geld einzusparen und anderseits daraus einen Wettbewerbsvorteil zu generieren. Aber wie verhält es sich wirklich, wenn Mitarbeiter private Endgeräte mit ins Unternehmen bringen können - wird hierdurch tatsächlich Geld gespart?

Zunächst existieren zwei Modelle zwischen denen Unternehmen wählen können: Einerseits besteht die Möglichkeit, dass die Mitarbeiter ihre privat gekauften Endgeräte von zuhause mitbringen. Die andere Variante sieht vor, dem Mitarbeiter einen bestimmten Geldbetrag zur Verfügung zu stellen, damit dieser sich sein Wunschgerät wählen kann, wobei selbstverständlich bei der letzteren Methode der zur Verfügung gestellte Betrag zu definieren ist. Gesetzt den Fall, der Betrag wäre zu niedrig, entstehen dem Anwender höhere Eigenkosten z.B. durch ein zusätzliches Hinzukaufen von gewünschten Komponenten. Ist der zur Verfügung gestellte Anschaffungsbetrag vom Unternehmen aus zu hoch gewählt, würde der vermeintliche Einsparungseffekt durch Consumer-IT wiederum ausbleiben. Ein weiterer Kritikpunkt dieser Methode besteht in der steuerlichen Gesetzgebung in Deutschland: Vom Unternehmen zur Verfügung gestellte Beträge für die Anschaffung eines Endgerätes gelten im Steuerrecht als geldwerter Vorteil und sind entsprechend zu versteuern. Der Einsparungseffekt welcher hierbei erzielt werden soll, ist also durchweg ein umstrittenes Thema. Die Kosten der Endgeräte machen heutzutage nur ca. 15% des gesamten IT-Budgets und würden durch zunehmend niedrigere Endgerätepreise abnehmen. Die erst genannte Methode sieht vor, dass die privaten Endgeräte mit in das Unternehmen genommen werden sollen, was aber impliziert, dass dies nur auf freiwilliger Basis passieren und nicht erzwungen werden kann.

Durch die bereitzustellende Infrastruktur und das ständige Auseinandersetzen mit dem Consumermarkt wird in nächster Zeit wohl eine Verschiebung des IT-Budgets stattfinden und zwar, weil die Kosten des Arbeitsplatzrechners (Hardware und Support) in naher Zukunft wahrscheinlich in das Rechenzentrum (Infrastruktur, Backendsysteme) verschoben werden. Abzuwarten bleibt, wie konsequent sich der Support tatsächlich an die unternehmerischen Vorgaben hält, nämlich den Anwender nur bei den Fehlern zu helfen, welche ihren Ursprung in der Unternehmens-IT haben.

Dadurch wird deutlich, dass sich die Kosteneinsparung in einem sehr begrenzten Rahmen bewegen wird. Vielmehr werden eher die Ziele verfolgt, die einen indirekten Mehrwert für das Unternehmen darstellen: Das sind u.a. die Steigerung der Mitarbeitermotivation bei der Arbeit und die Zunahme des durchschnittlichen Zeitaufwandes der Mitarbeiter für das Unternehmen. Überspitzt formuliert kommt es dadurch zu einer Vermischung privater und geschäftlicher Angelegenheiten. Ein gutes Beispiel ist die Nutzung des Rechners im privaten Gebrauch, hierbei wird es häufiger vorkommen, dass nebenbei auch geschäftliche Emails abgerufen oder gar bearbeitet werden. Der Trend geht teilweise weg vom Mitarbeiter, der „Dienst nach Vorschrift" betreibt, in Richtung eines flexiblen und schnellen Mitarbeiters, der beispielsweise binnen kürzester Zeit und auch außerhalb regulärer Arbeitszeit auf Unternehmensnachrichten antwortet.

Die Auswertung der Fragebögen hat ergeben, dass 42% der befragten (5 Personen) Einsparungspotenziale sehen. 58% (7 Personen) sind nicht der Meinung das eine Einführung von Consumer-IT zu einer Kostensenkung führen wird. In Abbildung 17 wird dies verdeutlicht.

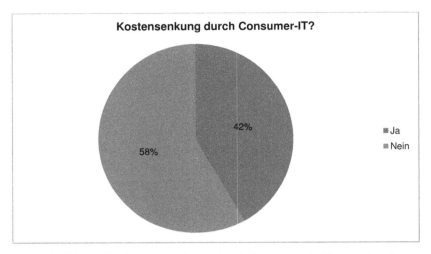

Abbildung 17 – Kostensenkung durch Consumer-IT (Auswertung)

4.2   Consumerization in Hochschulen

Hochschulen setzten schon seit Jahren auf Consumer-IT im Hochschulnetz, behauptet Prof. Dr. Sachar der Hochschule Brandenburg. Damit spielt er darauf an, dass Professoren, Mitarbeiter und auch Studenten, ihre privaten Endgeräte mitbringen und Zugriff auf E-Mail, Web und Lehrmaterialien der Lehreinrichtung haben. Dies ist möglich, da die Dienste von den Hochschulen serverseitig zur Verfügung gestellt werden.[78]

Wenn also Hochschulen die Consumer-IT schon seit Jahren im Netzwerk zulassen, kann davon ausgegangen werden, dass sich entsprechende Erfahrungsberichte auffinden lassen. Durch Interviews mit den Leitern der Rechenzentren der HTW Berlin, TU/LMU München, TU Clausthal und Ostfalia-Hochschule wurde versucht, diese Erfahrungen aufzugreifen und auszuwerten, was im Folgenden aufgezeigt ist. Die Fragebögen befinden sich im Anhang 2 dieser Arbeit, daher wird in den Fußnoten, nicht nochmals darauf hingewiesen, sondern nur der Name des Befragten genannt.

---

[78] Vgl. SACHAR (2010).

4.2.1 Private Endgeräte im Hochschulnetzwerk

Heutzutage hat fast jeder Student einen Laptop oder mobiles Endgerät und es wird für selbstverständlich erachtet, dass ein gut funktionierendes WLAN-Netz innerhalb der Hochschule zur Verfügung steht. Diese öffentlichen WLAN-Netze existieren im Durchschnitt jedoch erst seit ca. 5-6 Jahren. Die Anregungen, solch ein Netzwerk zu schaffen, gingen überwiegend von der Hochschulleitung oder dem Rechenzentrum aus, denn hiervon wurde sich u.a. eine Attraktivitätssteigerung der Hochschule erhofft. Im Jahr 1998 hat die TU Clausthal alle Wohnheime per Glasfaserkabel an das Hochschulnetzwerk eingebunden und somit den Studenten einen Zugriff über ihren privaten Computer auf das Hochschulnetzwerk ermöglicht. Dies war wohl einer der ersten universitären Versuche private Endgeräte in eine homogene Netzwerklandschaft zu intregieren.

4.2.2 Trennung zwischen den Netzwerken

In einer Hochschule existieren unterschiedliche Netzwerke für die verschiedenen Bereiche z.B. für die Verwaltung, Computerlabore und das Education Roaming für Studenten, kurz eduroam, welches das in Europa am weitesten verbreitete Hochschulnetzwerk darstellt. Üblicherweise sind die Netzwerke der genannten Organisationseinheiten voneinander getrennt, hauptsächlich wegen der Datensicherheit. Allerdings gibt es auch Ausnahmen, die keine getrennten Netzwerke, sondern alle Bereiche im eduroam Netzwerk betreiben. Dieser Aspekt der Netzwerkinfrastruktur ist besonders relevant, bezogen auf den nachfolgenden Punkt 4.2.6 „Hochschulinfrastruktur auf ein Unternehmen übertragen".

4.2.3 Zugriff auf Dienste

Hochschulangehörige haben die Möglichkeit sich sowohl innerhalb, als auch außerhalb der Hochschule in das WLAN einzuloggen. Außerhalb der Hochschule erfolgt dies über VPN-Clients. Nach erfolgreicher Anmeldung kann der Anwender beispielsweise auf die hochschuleigenen Drucker zugreifen, E-Books des Springer Verlages betrachten, Langenscheidt Online Wörterbücher nutzen oder eben weitere sonst kostenpflichtige Dienste nutzen. Bei Diensten, die über ein Web-Portal bereitgestellt werden, bestehen keine Probleme eines Abrufs und Nutzung durch die privaten Endgeräte der Studenten. Im Gegensatz dazu, sind Zugriffe auf ERP-Systeme oder Datenbanken, die nicht über eine Web-Anwendung verfügen, nur mit einem weitaus höheren administrativen Aufwand zu bewältigen. Hierbei muss erst die jeweilige Anwendung, beispielsweise ein Microsoft SQL Server oder Microsoft Dynamics ERP-Client auf dem Endgerät installiert und Zugriffsparameter konfiguriert werden, bevor eine Nutzung durch den Anwender möglich ist. Um solch einen externen Zugriff einzurichten, entsteht je nach Anwendung natürlich ein erheblicher Mehraufwand, unter anderem durch die Server Konfiguration, für den externen Zugriff.

4.2.4 Die gravierendsten Probleme

Eine große Schwierigkeit besteht in der Sortimentsvielfalt unterschiedlicher Smartphones bzw. PDAs, welche allesamt jeweils unterschiedliche Eigenschaften in der Netzwerkkonfiguration aufweisen. Treiberprobleme und fehlende Sicherheitspatche treten besonders häufig bei älteren bzw. ungepflegten Systemen auf, welche sich nicht bzw. nicht mehr in der Betriebsüberwachung des Rechenzentrums befinden, was wiederum ein erhöhtes Betriebsrisiko mit sich bringt. Die Absicherung des Netzwerkes durch korrektes Authentifizieren und Autorisieren, wird durch Kompatibilitätsprobleme unterschiedlicher Betriebssysteme zusätzlich erschwert, da teilweise zur Verfügung gestellte Zertifikate nicht mit den System kompatibel sind.

Ein weiteres Thema, das bei jedem Rechenzentrum auf der Agenda steht, ist der Virenbefall von Endgeräten und dadurch auftretende Störungen im Netzwerkbetrieb. Eine Sensibilisierung der Anwender im Umgang mit dem Internet sowie möglicher Virenübergriffe, könnte durch eine gezielte Aufklärung z.B. in Form von IT-Workshops, erfolgen.

Auch die Remoteeinwahl gilt als potenzielle Problemquelle bei vielen Hochschulen. Häufig wird die Internet-Bandbreite des Anwenders als zu gering ausgemacht, dadurch kann keine bzw. eine unzureichende Verbindung aufgebaut werden. Ebenso könnte eine falsch konfigurierte Firewall des Endgerätes die Ursache einer nicht korrekt aufgebauten Remoteverbindung sein.

4.2.5 Der Helpdesk und private Endgeräte

In den Hochschulen ist es üblich, dass nur inventarisierten Endgeräten der Hochschule, Support geleistet wird. Bei privaten Endgeräten ist dieser Anspruch grundsätzlich nicht vorgesehen, solange keine zusätzlichen Vereinbarungen bestehen. Soll ein Helpdesk private Endgeräte unterstützen, sind vorab unbedingt Richtlinien festzulegen, inwieweit Supportleistungen für den Anwender getätigt werden dürfen. Diesbezüglich bestand zwischen allen Befragten überwiegende Einigkeit. Die Unterstützung kann beispielsweise die Beratung der Netzanbindung oder einen Rundum-Service, bis hin zur Neuinstallation eines Endgerätes umfassen. Eine weitere Möglichkeit kann darin bestehen, den Anwendern benötigte Anleitungen zur Verfügung zu stellen oder Virenschutzprodukte zu empfehlen; auch Schulungen und Workshops wären durchaus denkbar.

4.2.6   Hochschulinfrastruktur auf ein Unternehmen übertragen

Ein großes Problem sehen die Verantwortlichen von Rechenzentren bei den bestehenden Sicherheitsanforderungen von Unternehmen. Trotzdem können sich Hochschulen mittlerweile, in Hinsicht auf das Thema Sicherheit, mit den Unternehmen messen. Beispielsweise ist die IT-Infrastruktur einer Hochschule vergleichbar mit den Verfügbarkeits- und Sicherheitsanforderungen (Zertifikate, Firewall) eines Unternehmens.

Jedoch ist ein direktes Übertragen des Modells Consumer-IT in Hochschulen nicht möglich, da es im Unternehmensumfeld üblicherweise nicht wünschenswert ist, dienstliche Daten auf privaten Endgeräten zu speichern. Die Speicherung von Unternehmensdaten auf den privaten Endgeräten zu unterbinden, ist prinzipiell aber durch entsprechende Technologien (siehe Kapitel 3) möglich. Die Mehrheit der Hochschulen hat deshalb den Netzwerkzugriff unterteilt: Einerseits in Verwaltungsnetzwerke, mit teilweise sehr sensiblen Daten, welche ausgewählten Personenkreisen zugänglich gemacht werden und anderseits das Hochschulnetzwerk für Studenten, allerdings ohne die entsprechenden Zugriffsrechte hochschulinterner Informationen. Eine solche Netztrennung, die in den Hochschulen realisiert ist, wäre in Unternehmen wenig sinnvoll, da dort mit einem einheitlichen Datenbestand gearbeitet wird.

Ein weiterer Unterschied besteht in der Nutzung von Softwareprodukten: Wo in Hochschulen die Nutzung von bereitgestellter Software für Projekte, privat als auch für universitäre Zwecke, gewünscht ist, verhält sich dieses im Unternehmensumfeld stark differenziert. Eine Nutzung von Unternehmenssoftware ist dagegen ausschließlich für Unternehmenszwecke vorgesehen und erwünscht, sodass es eine Definition entsprechender Nutzungsregeln bedarf, die den Einsatz auf privaten Endgeräten regelt.

4.2.7 Das Ende der Computerlabore

Im Folgenden steht die Frage im Mittelpunkt, ob das klassische Computerlabor noch eine Zukunft hat und im Zeitalter von Consumer-IT noch benötigt wird. Also Labore mit fest installierten Computern, finanziert von der Hochschule.

Ein Knackpunkt sind hierbei sicherlich die unzureichenden Breitbandzugänge, die über das W-LAN bereitgestellt werden. Deshalb müsste sichergestellt werden, dass Studierenden und Mitarbeitern, wenn diese nur noch ihre privaten Endgeräte im Hochschulumfeld zur Verfügung gestellt bekommen, auch ausreichend leistungsfähige Zugänge zur Verfügung gestellt werden können. Die Software die über Hochschullizenzen beschafft wurde, kann ebenso wie normale Software virtualisiert werden. Jedoch ist bei jeder Softwarelizenz zu prüfen, inwieweit eine Verteilung über beispielsweise Anwendungsvirtualisierung, möglich ist. Dadurch würde die Verwaltung der Lizenzen einen ganz anderen Stellenwert erhalten, als es heutzutage der Fall ist, denn der Aufwand steigt aufgrund dynamischer Softwarezuweisung an die Endgeräte. Eine Möglichkeit trotzdem die Lizenz-Verwaltung zu minimieren, wäre der Umstieg auf Web-Anwendungen (siehe Kapitel 3).

Weiterhin muss die Hochschule für alle Studenten die gleichen Voraussetzungen schaffen. Aber natürlich kann nicht verlangt werden, dass alle Studenten immer die neusten bzw. überhaupt ein Endgerät besitzen. An dieser Stelle müssten die Hochschulen dafür sorgen, dass jedem Studenten ein geeignetes und vergleichbares IT-Umfeld garantiert wird. Ohne entsprechende Computerlabore könnte dies allerdings nicht realisiert werden und so wird diese Einrichtung auch die nächsten Jahre wohl weiterhin seine Daseinsberechtigung haben.

4.2.8 Chancen und Risiken im Hochschulumfeld

Die vermeintliche Reduzierung des IT-Budgets, für die Beschaffung von Endgeräten, wird bei den Hochschulen ebenfalls als erste Chance betrachtet. Jedoch wurde in Kapitel 4.1.10 aufgezeigt, dass dies leider nur auf den ersten Blick der Fall ist und die eingesparten Mittel müssen wiederum in die IT-Infrastruktur der Hochschule investiert werden. Es besteht aber die Möglichkeit, eine leistungsfähige Dienstleistungsinfrastruktur (service-fokussiert) bereitzustellen. Langfristig würde die Umstellung auf eine Dienstleistungsinfrastruktur bedeuten, dass die Ausrichtung der IT sich verändert und zwar dahin gehend, dass die IT überwiegend für die Unterstützung von Prozessen und Betrieb von Serversystemen eingesetzt würde. Der klassische Support würde somit aus dem Arbeitsspektrum der IT entfallen.

Entsteht solch eine IT-Infrastruktur, wird künftig die Endgerätewahl nicht mehr entscheidend sein und die Netzsicherheit, durch Datenverlagerung ins Rechenzentrum, zunehmen.

Durch die vielen unterschiedlichen Endgeräte ist eine starke Heterogenität im Netzwerk vorhanden. Das könnte sich als ein negativer Aspekt erweisen, wenn die benötigten Funktionen nicht auf jedem Endgerät vorhanden sind. Ebenso ist es durch eine Vielzahl an unterschiedlichen Endgeräten kaum noch möglich, einen Support für jedes Endgerät anzubieten. Diese Probleme könnten aber, nach Meinung eines IT-Verantwortlichen, durch die intensive Nutzung von Web 2.0 Diensten, beispielsweise Foren, gelöst werden. Das bedeutet, dass ein Forum zum Austausch von Problemen bereitgestellt wird und sich die Anwender bei ihren IT-Problemen gegenseitig unterstützen (siehe Kapitel 2.4).

Die Gleichstellung der Studierenden könnte allerdings durch Consumer-IT gefährdet sein, da die Möglichkeit bestünde, einen Wettlauf der Studenten, um die neusten und schnellsten Endgeräte, zu entfachen. Dadurch hätten finanziell schwächer gestellte Studenten einen Nachteil.

Eine weitere Frage stellt sich bei der Durchführung von computergestützten Klausuren. Vor einer solchen Prüfung sind die Endgeräte der Studenten entsprechend zu konfigurieren, beispielsweise das Deaktivieren des Internetzugangs. Dieses Vorgehen wird durch die sogenannte Bare-metal-Methode umsetzbar, wie auch in Kapitel 3.2 beschrieben. Dabei wird beim Booten des Rechners ein beispielsweise gestreamtes Image, welches vorab konfiguriert wurde, automatisch gestartet, sodass ein Zugriff auf das Betriebssystem des Endgerätes nicht mehr möglich ist.

Auf die Frage, ob es denkbar ist, dass das Verständnis für IT-Ausfälle wächst, dadurch das die Studenten auch zuhause mit den Tücken der IT konfrontiert sind, ergab sich keine eindeutige Meinung der Befragten. Auf der einen Seite, wird ein erhöhtes Verständnis für IT-Ausfälle bejaht, auf der anderen Seite wird eine hundertprozentige Verfügbarkeit der IT gefordert. Ein befragter IT-Verantwortlicher betonte in diesem Zusammenhang, dass besonders in Studentenkreisen ein kurzzeitig nicht verfügbarer Service auf großes Unverständnis stößt. Aus diesem Kontext betrachtet, ergeben sich allerdings in diesem Bereich derzeit keine offenkundigen Chancen.

5 SWOT- Analyse

Eine SWOT-Analyse steht im deutschen für Stärken-(Strenghts), Schwächen-(Weakness), Chancen-(Opportunities) und Risiko-(Threats) Analyse. Eine solche Analyse kann bei jeder strategischen Managemententscheidung als Werkzeug eingesetzt und beim Ableiten von strategischen Zielen und Maßnahmen unterstützend hinzugezogen werden. Beispielsweise dient eine solche Analyse dazu herauszufinden, ob eine Unternehmensexpansion in ein anderes Land sinnvoll wäre oder auch, ob Consumer-IT im Unternehmensumfeld Einzug finden sollte. Letzteres wird anhand eines fiktiven Unternehmens im Folgenden exemplarisch durchgeführt.

Das Unternehmen ist ein Hersteller von Energiesparlampen, mit 2 Produktionsstandorten in Deutschland. Zurzeit sind 150 Mitarbeiter in der Produktion und 50 Mitarbeiter in der Verwaltung beschäftigt. Das Unternehmen rechnet in naher Zukunft mit steigenden Absätzen und benötigt daher neue Produktionsstandorte. Im Zuge der Erweiterung soll die Entwicklungsabteilung aufgestockt werden und außerdem neue Absatzfelder in der Solartechnik entstehen. Im Rahmen der Erweiterung spielt das Unternehmen mit dem Gedanken die Netzwerkinfrastruktur auf den möglichen Einsatz von Consumer-IT umzurüsten. Im vorliegenden Fall fungiert der Mitarbeiter in der Rolle des Kunden. Die Befragung und Auswertung wird durch eine IT-Unternehmensberatung durchgeführt. Die Antworten auf die Kriterien, werden vom Vorstand des Unternehmens gegeben. Die SWOT-Analyse wird nach der Verfahrensanweisung[79] der Firma INVENTool durchgeführt.

5.1 Ermittlung der Stärken und Schwächen

„Stärken sind die Faktoren, die dem Unternehmen zu einer relativ starken Wettbewerbsposition verhelfen, während Schwächen die Punkte sind, welche das Unternehmen daran hindern, Wettbewerbsvorteile zu erzielen."[80]

Im ersten Schritt ist anhand eines Kriterienkataloges zu ermitteln, welche Stärken und Schwächen das Unternehmen, in diesem Fall auf Hinblick der IT, besitzt. Es

---

[79] Vgl. INVENTOOL (2011).
[80] ebenda.

ist zu beachten, dass die Antworten erst im Vergleich mit Wettbewerbern an Aussagekraft gewinnen. In diesem Beispiel gibt es jedoch keine weiteren Mitbewerber.

Da es natürlich keinen Standard-SWOT, mit allgemein geltenden Kriterien gibt, ist der Kriterienkatalog beliebig erweiterbar. Die nachfolgende Tabelle 2 befasst sich überwiegend mit den Kriterien der IT-Infrastruktur.

Kriterien	Antworten
Transparenz der IT-Leistungen und Kosten	Software und Hardware werden durch unseren Administrator beschafft und auf die Kostenstelle der Finanzen verbucht. Es existiert keine Transparenz, für welche Organisationseinheit die IT-Kosten entstanden sind.
Informationspolitik der IT	Die IT Abteilung kommuniziert jegliche Änderungen in der IT-Landschaft an die Mitarbeiter. Die Kommunikation klappt sehr gut.
IT-Ausstattung am Arbeitsplatz	Die Rechner wurden seit 6 Jahren nicht mehr getauscht bzw. neuinstalliert. Das IT-Budget lässt für Anschaffungen keinen Spielraum.
Qualität von Problemlösungen	Durch veraltete Betriebssysteme und Hardware, gibt es kaum noch Updates der Softwarehersteller. Die Qualität des IT-Anwendersupports ist jedoch gut.
Datensicherheit	Der Datenserver steht im Keller des Gebäudes und wird einmal die Woche voll gesichert und einmal am Tag inkrementell.
Benutzerdaten	Jeder Benutzer hat seinen eigenen Computer-Account und ein E-Mail Postfach, welches auf einem Server gespeichert ist.
Softwareausstattung	Auf jedem Rechner ist eine Office Version installiert, die Entwickler haben zusätzlich noch CAD installiert. In der Verwaltung werden diverse SAP Module eingesetzt. Die Produktion wird durch herstellerspezifische Anwendungen gesteuert.
Remoteeinwahl	Eine VPN-Verbindung existiert, jedoch wird die Verbindung durch alte Laptops nicht sehr gut unterstützt, was oft zu Abbrüchen führt.

Tabelle 2 – Überblick der Stärken und Schwächen

Aus der Tabelle gehen klar die Stärken und Schwächen des Unternehmens hervor. Eine Stärke ist das Engagement der Administratoren, welche jedoch durch veraltete IT-Infrastruktur getrübt wird, was wiederrum eine Schwäche darstellt.

Konkretisieren lassen sich die Ergebnisse mit weiteren gezielten Fragen.

Stärken:

Frage	Antwort
Was lief bisher gut?	Bis jetzt hat jeder neue Mitarbeiter einen funktionierenden Computer bekommen und konnte nach kurzer Einarbeitungszeit arbeiten.
Worauf kann die IT-Abteilung stolz sein?	Wir verfügen über eine relativ stabile IT-Infrastruktur, welche die Mitarbeiter bei der täglichen Arbeit bestmöglich unterstützt.
Was kann unsere IT-Abteilung besser als andere Unternehmens IT-Abteilungen?	Kurze Wege ermöglichen schnelle Unterstützung.
Was schätzen die Mitarbeiter an dem IT-Personal besonders?	Das die IT stets versucht auf jedes Problem eine Lösung zu finden.

Tabelle 3 – Stärken konkretisiert

Schwächen:

Frage	Antwort
Welche Schwierigkeiten treten wiederholt in der IT-Abteilung auf?	Ein großes Problem besteht bei Software-Updates oder der Installation neuer Software. Hier müssen alle Rechner vor Ort installiert werden. Was nie ohne größere Zeitfenster realisierbar ist.
Was machen andere Unternehmen besser?	Die IT-Infrastruktur ist bei anderen Unternehmen besser und einfacher erweiterbar.
In welchen Bereichen gab es häufiger Schwierigkeiten?	Die Remoteeinwahl funktioniert immer wieder fehlerhaft.
Was könnten die Unternehmens IT-Abteilung besser machen?	Durch eine modernere Infrastruktur, wäre es möglich mit neuer Hardware zu arbeiten und damit die Produktivität der Abteilungen zu erhöhen.

Tabelle 4 – Schwächen konkretisiert

5.2   Ermittlung der Chancen und Risiken

Die Chancen und Risiken sollen die Trends und Veränderungen von einem Unternehmen, in seiner Umgebung ermitteln. Hierbei sind normalerweise nur Faktoren zulässig, auf welche das Unternehmen keinen direkten Einfluss hat.[81] Bei einer SWOT-Analyse, welche sich mit der Einführung eines Projekts zur Verbesserung der IT-Infrastruktur beschäftigt, ist dies jedoch nicht möglich. Das liegt daran, dass die nicht beeinflussbaren Einflüsse von außen, minimal sind. Daher folgt im Anschluss eine Betrachtung der Kriterien (siehe Tabelle 5):

- Human Ressource

- IT-Infrastruktur gegenüber potenziellen Mitbewerbern

- Nutzung des Web 2.0

- Einsatz von Administratoren unter Beachtung der Chancen und Risiken

Kriterien	Antworten
Human Ressource	Das Recruiting neuer Mitarbeiter wird zunehmend schwieriger. Die jungen und gut ausgebildeten Fachkräfte entscheiden sich zunehmend für attraktivere bzw. moderne Unternehmen.
IT-Infrastruktur	Gegenwärtig ist unsere IT-Infrastruktur gekennzeichnet, durch den Einsatz veralteter Technologien. Ein Ausbau der vorhandenen IT-Infrastruktur, ist durch die geplante Expansion zwingend notwendig.
Web 2.0	Hier ist das Unternehmen bislang noch nicht vertreten. Dies liegt daran, dass bei uns im Netzwerk, Seiten wie bspw. Xing oder Facebook gesperrt sind. In diesem Bereich sehen wir große Notwendigkeit zum Handeln
Einsatz von Administratoren	Es gibt zwei Administratoren: eine Person kümmert sich um die Datenserver und Produktionssysteme, die andere Person leistet Unterstützung vor Ort bei den Anwendern.

Tabelle 5 – Überblick der Chancen und Risiken

Auch hier lässt sich mit gezielten Fragen noch genauer auf die Chancen und Risiken eingehen.

---

[81] Vgl. INVENTOOL (2011).

Chancen:

Frage	Antwort
Worin könnten Zu-kunftschancen der IT liegen?	Durch neue Technologien der Endgeräte, könnten Wettbewerbsvorteil generiert werden bzw. wieder näher an die Benchmarknote der Branche angeschlossen werden. Außerdem könnte in Hinblick auf die interne Kommunikation, die Regelungen aufgelockert werden und bspw. die Nutzung von Skype akzeptiert werden.
Wo besteht Aus-baupotential?	In der IT-Infrastruktur und der Endgerätetechnik, was auch wegen der Expansion notwendig wird.
Welche Trends der IT-Branche können Sie nutzen?	Die Software über Dienstleistungsverträge beziehen und starre Strukturen zunehmend aufbrechen, um flexibler agieren zu können
Was erwarten ihre Mitarbeiter in Zukunft von der IT-Abteilung?	Einen zeitgemäßen Computer mit Software, welche zum richtigen Zeitpunkt die benötigten Funktionen bereitstellen kann.

Tabelle 6 – Chancen konkretisiert

Risiken:

Frage	Antwort
Welche Gefahren können bei so einem Projekt auf das Unternehmen zukommen?	Die Mitarbeiter nehmen das Angebot, also die Nutzung von privaten Endgeräten, nicht wie erwartet an. Außerdem wäre es undenkbar, würde die benötigte Software aufgrund der Umstrukturierung nicht wie gewünscht funktionieren. Das Ausmaß der Verluste für das Unternehmen sind diesbezüglich nur schwer bezifferbar.

Tabelle 7 – Risiken konkretisiert

5.3 Ergebnis der SWOT-Analyse

Nachdem sich durch Kriterien die Stärken und Schwächen sowie die Chancen und Risiken herauskristallisiert haben, folgt nun das Ergebnis der Analyse. Hierbei ist zu beachten, dass es sich bei einer SWOT-Analyse nicht um eine Strategie oder

einen Handlungsvorschlag handelt, sondern vielmehr um Denkanstöße, aus welchen sich der konkrete Handlungsbedarf ableiten lässt.[82]

Die wichtigsten Ergebnisse aus den Fragelisten, werden jeweils den Stärken,
Schwächen, Chancen oder Risiken hinzugefügt. Unter Berücksichtigung der Ergebnisse, werden folgende vier Fragen beantwortet.

- Haben wir die Stärken, um unsere Chance zu nutzen?

- Verpassen wir Chancen wegen unserer Schwächen?

- Haben wir die Stärke, um Risiken zu bewältigen?

- Welchen Risiken sind wir wegen unserer Schwächen ausgesetzt

Consumer-IT Integration	Stärken Administratorenteam Kommunikation	Schwächen Infrastruktur Vor-Ort Support
Chancen Expansionsunterstützung Anwenderzufriedenheit steigt	„Haben wir die Stärken, um unsere Chancen zu nutzen?" „Unsere beiden Administratoren, haben genügend Know-how um solch ein Projekt durchzuführen"	„Verpassen wir Chancen wegen unserer Schwächen?" „Durch die veraltete Infrastruktur verpassen wir mögliche Verbesserungen in unseren Prozessen"
Risiken private Endgeräte sind nicht erwünscht Software ist nicht funktionsfähig	„Haben wir die Stärke, um Risiken zu bewältigen?" „Durch die gute Kommunikation unserer Administration, sind vor einer tatsächlichen Realisierung Workshops mit Anwendern möglich"	„Welchen Risiken sind wir wegen unserer Schwächen ausgesetzt?" „Durch die veraltete Infrastruktur ist die Sicherheit der Netzwerke kaum noch gewährleistet."

Tabelle 8 – Ergebnis der SWOT-Analyse

---

[82] Vgl. INVENTOOL (2011).

Das Ergebnis sagt aus, dass es durch unsere Administratoren möglich ist ein Projekt, welches Consumer-IT im Unternehmensnetzwerk integriert, durchzuführen. Das Risiko, welches durch die Mitarbeiter befürchtet wird, könnte durch Workshops minimiert werden. Sollte es zu keiner Erneuerung der IT-Infrastruktur kommen, wird dies Wettbewerbsnachteile mit sich bringen. Dies liegt an der nicht mehr vorhanden Netzwerksicherheit sowie einer Nichtumsetzbarkeit von möglichen Prozessverbesserungen.

Als Handlungsempfehlung ist eine neue IT-Infrastruktur zu implementieren, welche die Möglichkeit besitzt, Software bzw. Betriebssysteme zu virtualisieren und somit den Einsatz von privaten Endgeräten zu ermöglichen.

6 Zusammenfassung und Ausblick

Die Begriffe Consumerization, Digital Natives/Immigrants, Buzzword und IT-Standardisierung wurden mittels Literaturrecherche herausgearbeitet. Technologien, welche für eine service-fokussierte Netzwerkinfrastruktur, zur Verfügung stehen, wurden grundlegend erklärt und mit den jeweiligen Vor- und Nachteilen aufgezeigt. Die Interviews sind zu einem kompakten Meinungsbild zusammengefasst und bieten einen Überblick über Aspekte, die im Zusammenhang mit der Consumerization of IT stehen. Durch die Befragung der IT-Verantwortlichen der Hochschulrechenzentren, wurde ermittelt, dass eine Übertragung des Hochschulnetzes in ein Unternehmen nicht möglich ist, jedoch aus den Erfahrungen der Hochschulrechenzentren gelernt werden kann. Die durchgeführte SWOT-Analyse, stellt einen Einblick, in eine mögliche Methode zur Ermittlung von Handlungsempfehlungen dar.

Als Ergebnis ist ein Überblick entstanden, der die Chancen und Risiken aufzeigt, die mit der Einführung von Consumer-IT in Unternehmensnetzwerke verbunden sind. Eine Chance besteht darin die Netzwerkinfrastruktur auf eine service-fokussierte IT-Infrastruktur umzustellen und somit für die Zukunft gerüstet zu sein. Dies liegt an der damit einhergehenden Flexibilität, welche es ermöglicht auf Anforderungen mit schnell bereitgestellter Software zu reagieren. Die Chance, mit der Einführung von Consumer-IT, Budget zu sparen, bestätigte sich nicht, da es zu einer Umverteilung kommt und das Budget in die IT-Infrastruktur investiert wird. Diese Umverteilung ist möglich, da nicht nur das Budget für die Beschaffung von Endgeräten reduziert wird, sondern es zu verminderten Dienstleistungen im Anwendersupport kommen wird. Hierbei wird zu erkennen sein, dass zwar Budget gespart wird, jedoch dadurch Freizeit der Anwender verloren geht. Der Anwender wird es zunächst nicht merken, weil Sie diese übernommenen Dienstleistungen als Freizeitbeschäftigung werten, statt sie von der Freizeit abzuziehen. Ob diese Entwicklung sich positiv oder negativ auswirken wird, bleibt zu erforschen.

Sollten jedoch ein bestimmter Anwenderkreis ausgewählt, geforderte Sicherheitsvorkehrungen umsetzbar und genaue Regeln definiert sowie eine Implementierung der benötigten IT-Infrastruktur erfolgt sein, würde einem Einsatz von Consumer-IT als Erfolgsfaktor nichts mehr im Wege stehen.

Durch eine service-fokussierte IT-Infrastruktur ist der Einsatz von Cloud-Diensten realisierbar und somit als Investition in die Zukunft zu betrachten.

Literaturverzeichnis

ADAMS

Adams, Scott: DILBERT.COM, Abbildung erstellt am 28.05.2008, Online im WWW abrufbar unter URL: http://dilbert.com/strips/comic/2008-05-28/[Stand: 01.06.2011].

BAYER

Bayer, Martin: Bring your own Device-Albraum oder Segen für CIOs?, in: Computerwoche, 2011, Heft 17, S.15.

BITKOM1

o.V.: Erstmals mehr als 50 Millionen Deutsche im Internet, Dokument erstellt am 12.04.2011, Online im WWW abrufbar unter URL: http://www.bitkom.org/files/documents/BITKOM_Presseinfo_Internetnutzung_12_04_2011.pdf [Stand: 18.04.2011].

BITKOM2

o.V.: Halb Deutschland ist Mitglied in sozialen Netzen, Dokument erstellt am 13.04.2011, Online im WWW abrufbar unter URL: http://www.bitkom.org/files/documents/BITKOM_Presseinfo_PK_Soziale_Netzwerke_13_04_2011.pdf [Stand: 18.04.2011].

BITKOM3

o.V.: Server-Virtualisierung – Leitfaden und Glossar, Online im WWW abrufbar unter URL: http://www.bitkom.org/de/publikationen/38337_40545.aspx [Stand: 20.04.2011].

BITKOM4

o.V.: Thin Client & Server Bases Computing, Online im WWW abrufbar unter URL: www.bitkom.org/files/documents/ThinClient_web.pdf [Stand: 10.05.2011].

CITRIX

Klein, Markus: Desktop Transformation- Vom Konzept zur erfolgreichen Umsetzung eines Desktop-Virtualisierungsprojekts; Dokument erstellt am 01.04.2011, Online im WWW abrufbar unter URL: http://www.citrixevents.de/webinare/[Stand:13.05.2011].

CITRIX1

o.V.: Informationen über das Produkt Citrix XenDesktop, Online im WWW abrufbar unter URL: http://www.citrix.de/produkte/xendesktop/[Stand: 31.05.2011].

CITRIX2

o.V.: Citrix XenDesktop - Überblick über FlexCast - Technologien, Online im WWW abrufbar unter URL: http://www.citrix.de/modules/resource/download/42e11662254481990129cbdf0a090033/de_WP_FlexCast_Technologie_July2010.pdf [Stand: 01.06.2011].

COMPUTERZEITUNG

o.V.: Vergleich mit Autoindustrie: kundenindividuelle Lösungen trotz Standards IT-Industrialisierung hat langen ROI, in: Computer Zeitung, 2009, Heft 24, S. 10.

DUDEN

o.V.: Duden – Die deutsche Rechtsschreibung, Aufl.25, Mannheim, 2009.

DUNKEL

Dunkel, Axel: Cloud Server, Virtual Private Server, vServer oder Server Hosting?, Online im WWW abrufbar unter URL: http://www.dunkel.de/[Stand:30.05.2011].

GABLER

o.V.: Online-Wörterbuch, Online im WWW abrufbar unter URL: http://wirtschaftslexikon.gabler.de/Archiv/72558/standardisierung-v8.html [Stand: 19.04.2011].

GARTNER

Pettey, Christy: Gartner Says Consumerization Will Be Most Significant Trend Affecting IT During Next 10 Years, Dokument erstellt am 20.10.2005, Online im WWW abrufbar unter URL: http://www.gartner.com/press_releases/asset_138285_11.html [Stand: 18.04.2011].

GARTNER1

Gilbert, Mark/Austin, Tom: Hype Cycle for the High-Performance Workplace, 2010, Online im WWW abrufbar unter URL: http://www.gartner.com [Stand: 15.05.2011].

GARTNER2

Wolf, Chris: XenDesktop 4 SP1 is the first enterpirse-ready SHVD Platform (29.07.2010), Online im WWW unter URL: http://blogs.gartner.com/chris-wolf/2010/07/29/xendesktop-4-sp1-is-the-first-enterprise-ready-shvd-platform/ [Stand: 04.05.2011].

HÄRDTER

Härdter, Gerhard: Virtualisierung im Rechenzentrum – treten die Einsparpotentiale ein?, in Schlegel, Helmut (Hrsg.): Steuerung der IT im Klinikmanagement/Methoden und Verfahren, Wiesbaden, 2010.

HOLTSCHKE

Holtschke, Bernhard/Heier, Hauke/Hummel, Thomas: Quo Vadis CIO, Berlin, 2008..

IGEL

o.V.: White Paper – Desktop-Virtualisierung, Server Bases Computing oder beides?, Online im WWW abrufbar unter URL: http://www.virtualdesktop.ch/fileadmin/virtualdesktop/download/library/WP_Virtualisierung_DE_v1.pdf[Stand: 19.05.2011].

IMME

Imme, Jonathan: Wie man durch Innovationscamps die Digital Natives versteht, Online im WWW abrufbar unter URL: http://bit.ly/innovationcamps-itopsday [Stand: 15.05.2011].

INVENTOOL

Brandenburg, Klaus Dr.: SWOT-Analyse (407), Online im WWW abrufbar unter URL: http://inventool.de/toolauswahl/tooldescription.php?id=180[Stand:31.05.201 1].

IRMSCHER

Irmscher, Thomas: Mögliche Einsatzspektren für Web-Applikationen, Online im WWW abrufbar unter URL: http://www.succenture.biz/html/leistungen/Web_Applikationen_Praxis&font= inc [Stand: 14.05.2011].

KOLLMANN

Kollmann, Tobias: Gabler Kompakt-Lexikon Unternehmensgründung, 1.Aufl., Wiesbaden, 2005.

KÖTZING

Kötzing, Thomas: High-End-Grafikarbeitsplätze auf virtuellen Desktops, Erstellt am 15.12.2010 auf http://www.it-administrator.de, Online im WWW abrufbar unter URL: http://www.it-administrator.de/themen/virtualisierung/fachartikel/86967.html[Stand: 10.05.2011].

LAMP

von Lamp , Frank: Thin Clients: Anwendungsvirtualisierung (SBC) oder Desktop-Virtualisierung? in Lampe, Frank (Hrsg.): Green-IT, Virtualisierung und Thin Clients/Mit neuen IT-Technologien Energieeffizienz erreichen, die Umwelt schonen und Kosten sparen, Wiesbaden, 2010.

LARISCH

Larisch, Dirk: Citrix Presentation Server/Grundlagen und Profiwissen, München, Wien, 2005.

LEO

o.V.:Online-Wörterbuch, Online im WWW abrufbar unter URL: http://www.leo.org[Stand: 28.04.2011].

LIEBISCH

Liebisch, Daniel: Desktop-Virtualisierung, in Lampe, Frank (Hrsg.): Green-IT, Virtualisierung und Thin Clients/Mit neuen IT-Technologien Energieeffizienz erreichen, die Umwelt schonen und Kosten sparen, Wiesbaden, 2010.

LÖBERING

Löbering, Christian: Thin Clients sind viel grüner als PCs, Dokument erstellt am 04.04.2008 auf http://www.pcwelt.de, Online im WWW abrufbar unter URL: http://www.pcwelt.de/news/Green-IT-Thin-Clients-sind-viel-gruener-als-PCs-332470.html[Stand: 30.05.2011].

MICROSOFT

o.V.: Verwenden von Outlook Anywhere zum Herstellen einer Verbindung mit Ihrem Exchange-Server ohne VPN, Online im WWW abrufbar unter URL: http://office.microsoft.com/de-ch/outlook-help/verwenden-von-outlook-anywhere-zum-herstellen-einer-verbindung-mit-ihrem-exchange-server-ohne-vpn-HP010102444.aspx [Stand: 28.05.2011].

MOCH

Moch, Dietmar: Strategischer Erfolgsfaktor Informationstechnologie/ Analyse des Wertbeitrags der Informationstechnologie zur Produktivitäts-steigerung und Produktdifferenzierung, Mannheim, Univ., Diss., 2009.

PRENSKY

Prensky, Marc: Digital Natives, Digital Immigrants, in: On the Horizon, 2001, Heft 5; Online im WWW abrufbar unter URL: http://www.marcprensky.com/writing/[Stand:15.04.2010].

PREVENZANOS

Prevenzanos, Christoph: Computer-Lexikon 2011, Aufl.1, München, 2010.

POSCHEN

Poschen, Jörg: Server konsolidieren managen, Dokument erstellt am 30.01.2009, Online im WWW abrufbar unter URL: http://www.funkschau.de/telekommunikation/know-how/article/66184/0/Server_konsolidiert_managen_/ [Stand: 20.04.2011].

RADONIC

Radonic, Andrej: Jetzt werden die Anwendungen virtuell, Erstellt am 27.11.2008 auf http://www.pcwelt.de, Online im WWW abrufbar unter URL: http://www.pcwelt.de/ratgeber/Microsoft-App-V-Jetzt-werden-die-Anwendungen-virtuell-325164.html[Stand: 17.05.2011].

ROHRMANN

Rohrmann, Martin: Was macht uns zu Digital Natives?, in Eberspächer, Jörg/Holtel, Stefan (Hrsg.): Enterprise 2.0 / Unternehmen zwischen Hierar-chie und Selbstorganisation, Berlin/Heidelberg, 2010.

RIEGLER

Riegler, Alexandra: Desktop Virtualisierung-Die Zügel locker lassen?, in Monitor, 2010, Heft 6, Online im WWW abrufbar unter URL: http://www.monitor.co.at/index.cfm/storyid/13061_Desktop_Virtualisierung_Die_Zuegel_locker_lassen[Stand: 05.06.2011].

SACHER

Sacher, Paulus Prof. Dr.: Bring you own device (BYOD) macht alles sicher weil alles unsicher ist, Erstellt am 20.12.2010, Online im WWW abrufbar unter URL: http://www.kuppingercole.com/articles/sp_byod20122010[Stand: 31.05.2011].

SCHNEIDERHEINZE

Schneiderheinze, Jürgen: Zero Clients mit Virtualisierung, Online im WWW abrufbar unter URL: http://www.panologic-zeroclient.de/server-based-computing.html[Stand: 20.05.2011].

SOMMERGUT

Sommergut, Wolfgang: Client-Hypervisor erschließt VDI für Power-User, Dokument erstellt am 27.02.2009 auf http://www.computerwoche.de, Online im WWW abrufbar unter URL: http://www.computerwoche.de/software/software-infrastruktur/1888389/[Stand: 30.05.2011].

TANENBAUM

Tanenbaum, Andrew: Moderne Betriebssysteme, München, 2009.

TECCHANNEL

o.V.: Schlang, schick und sparsam, Erstellt am 16.08.2002 auf http://www.tecchannel.de, Online im WWW abrufbar unter URL: http://www.tecchannel.de/netzwerk/networkworld/infrastructure/402757/schlank_schick_und_sparsam/index2.html[Stand: 20.05.2011].

VIERSCHRODT

Vierschrodt, Alexander: Vorteile von Server Based Computing (SBC), Online im WWW abrufbar unter URL: http://www.sbc-mittelstand.de/vorteile-sbc.htm[Stand: 25.05.2011].

VOGEL

Vogel, Robert/Koçoğlu, Tarkan/Berger, Thomas: Desktopvirtualisierung. Definitionen - Architekturen - Business-Nutzen, Wiesbaden, 2010.

VMWARE

o.V.: Neue IT für besseren Kundenservice – zentrale Verwaltung von 2.300 Desktops in 580 Filialen, Online im WWW abrufbar unter URL:www.vmware.com/files/pdf/customers/10Q3_DER_DE.pdf [Stand:30.05.2011].

VMWARE1

o.V.: Informationen über das Produkt VMware View, Online im WWW abrufbar unter URL: http://www.vmware.com/de/products/desktop_virtualization/view/[Stand: 31.05.2011].

VMWARE2

    o.V.: Produktdatenblatt: VMware Virtual Desktop Infrastruktur, Online im WWW abrufbar unter URL: www.vmware.com/files/de/pdf/vdi_datasheet.pdf[Stand: 01.06.2011].

WARNKE

    Warnke, Robert/Ritzau, Thomas: qemu-kvm &libvirt, Norderstedt, 2010.

ZDNET

    Joerges, Richard: Gefahren und Chancen der Consumerization of IT, Dokument erstellt am 27.01.2009 auf http://www.zdnet.de, Online im WWW abrufbar unter URL: http://www.zdnet.de/it_business_bizz_talk_gefahren_und_chancen_der_consumerization_of_it_story-39002398-39340254-1.htm [Stand: 18.04.2011].

ZEITLER

    Zeitler, Nicolas: 5 Trends für den Arbeitsplatz der Zukunft; Dokument erstellt am 25.08.2009 auf http://www.cio.de, Online im WWW abrufbar unter URL: http://www.cio.de/strategien/analysen/895792/[Stand: 24.04.2011].

ZIRKELBACH

    Zirkelbach, Andreas: Webanwendungen, Online im WWW abrufbar unter URL: http://www.icwe2006.org/index.html[Stand: 28.05.2011].

Glossar

As-a-Services bezeichnet einen Dienst, welche über das Internet bereitgestellt und bspw. nach Benutzungszeit berechnet wird.

Best Practices sind in der Praxis bewährte Vorgehensweisen.

Blackberry ist ein tragbares Smartphone von der Firma RIM.

blue color worker, umgangssprachlich als Arbeiter bezeichnet.

Cloud Computing ist eine abstrahierte IT-Infrastrukturen (z.B. Rechenkapazität, Datenspeicher, Netzwerkkapazitäten oder auch fertige Software) welche dynamisch an den Bedarf angepasst über ein Netzwerk zur Verfügung gestellt wird.

Consumer-IT sind Laptops od. Smartphones welche bei Elektromärkten von privat Personen gekauft werden.

Ebenda bezieht sich auf die dieselbe Quelle, wie die vorherige Fußnote.

Endgeräte, ein Gerät (zum Beispiel PC, Telefon oder Laptop), welches an einen Netzabschluss eines öffentlichen oder privaten Daten- oder Telekommunikationsnetzes angeschlossen ist.

GARTNER ein Anbieter für Marktforschungen und Analysen über Entwicklungen im Gebiet der IT.

High Potentials, werden Absolventen oder junge Berufstätige bezeichnet, denen prinzipiell, aufgrund seiner bisherigen Laufbahn zugetraut wird, im Unternehmen schnell Verantwortung zu übernehmen und die Karriereleiter im rasanten Tempo zu erklimmen.

Host in einem Rechnernetz eingebundenes Rechnersystem, mit zugehörigem Betriebssystem, welches Clients bedient oder Server beherbergt.

iPad, ein von der Firma Apple entwickeltes Tablet.

iPhone, ein von der Firma Apple entwickeltes Smartphone.

PDA, ein mobiler Rechner, der etwa die Größe eines Notizbuches hat. Das Gerät wird mit einem stiftähnlichen Stab über das Display bedient.

PMBoK - Project Management Body of Knowledge, ein weit verbreiteter Projektmanagement-Standard und zentrale Referenz des US-amerikanischen Project Management Institute, von dem er auch herausgegeben und unterhalten wird.

PRINCE2 ist eine weit verbreitete, prozessorientierte, frei skalierbare und daher für alle Unternehmens- oder Projektarten einsetzbare Projektmanagementmethode.

Rollout bedeutet etwas ein Produkt einführen.

Skype ist ein kostenloses VoIP Programm.

SLA (Service Level Agreement) bezeichnet einen Vertrag bzw. die Schnittstelle zwischen Auftraggeber und Dienstleister für wiederkehrende Dienstleistungen

Smartphones sind Mobiltelefone mit erweitertem Funktionsumfang. Dazu zählen neben der Telefonie und Short Message Service (SMS) üblicherweise Zusatzdienste wie E-Mail, Internet, Terminkalender und Navigation.

Soziale Netze sind Internetplattformen (z.B. Facebook.com) bei denen Benutzer eigene Inhalte erstellen und austauschen können.

Tablet ist ein tragbarer, stiftbedienbarer Computer, der unter anderem wie ein Notizblock verwendet werden kann.

Thin Clients bezeichnet einen Computer mit geringer Hardwareleistung. Die Rechenleistung wird vom Server bereitgestellt.

URL (Uniform Resource Locator) die Adresse einer Webseite.

Anhang

Anhang 1 – Interviews mit IT-Verantwortlichen (Unternehmen)

Position: IT-Architekt

Branche: Verkehr-Transport-Logistik

1.) In welchem Zusammenhang hatten Sie Ihre ersten Berührungspunkte mit der Thematik Consumer IT im Business Umfeld?

Die Berührung kam in kleiner Weise schon relativ früh. Applikationen wie Gmail weckten den Bedarf nach mehr Exchange-Quota, Skype weckte Bedürfnisse in Instant Messaging, etc.
Richtig gross wurde der Bedarf der Anwender mit dem iPhone. Dieses wollten sie auch geschäftlich verwenden (klassische Story). Inzwischen sind es bereits Business-Manager die für ihre Workforce Consumer-Devices wollen, im Glauben diese seien günstiger.

2.) Stehen Sie der Entwicklung von Consumer Hardware im Business Umfeld positiv oder negativ gegenüber? Welche Hauptgründe haben Sie für Ihre Entscheidung?

Die Entwicklung ist sicher positiv. Die Consumer-Smartphones haben Quantensprünge in Benutzbarkeit und Interaktion mit dem Gerät erreicht. Diese Interaktion gilt es auch für den Geschäftseinsatz nutzbar zu machen. Negativ ist höchstens der allgemeine Glauben diese Devices liessen sich ohne Aufwand vollends in Unternehmen einbinden. Integrationsaspekte wie Sicherheit, Service Management, etc. müssen im Consumer-Markt sehr aufwändig einzeln pro OS geprüft werden, und oftmals muss der Interaktionsgrad gesenkt werden, weil ein neues Device/OS die geforderten Integrationsfunktionen noch nicht oder nicht genügend unterstützt.

3.) Consumerization ist für die IT-Branche eine Möglichkeit dem wachsenden Innovationsdruck etwas entgegen zu setzten. Was halten Sie von dieser Aussage?

Consumerization kann in gewissen Sparten sicher dazu führen, dass Innovationen daraus entstehen. In gewissen Branchen kann es aber auch dazu führen das Innovationen hinten an stehen weil zuviel Aufwand auf die Integration dieser Consumer-Services gelegt wird oder man ziellos versucht möglichst viel Consumer-Services einzusetzen.

4.) Wie könnte ein erfolgreiches Projekt der „Consumerization of IT" aussehen und welches Vorgehen halten Sie für empfehlenswert?

Der klassische Ablauf von der Beschreibung des Geschäftsbedürfnis (Prozess- und Benutzeranforderungen) sollte am Anfang stehen ohne bereits mit Consumer-Devices zu liebäugeln. Diese können bei der Evaluation des geeigneten Geräts durchaus eine Chance haben wenn man mit den Konsequenzen (unsicherer Markt, unsichere Lifecycles, ständig ändernde Konfigurationen, allf. SW-Anpassungen) umgehen kann.

5.) Fällt ihnen auf Anhieb eine Software ein, welche es ermöglicht Business Software auf Privaten System zu installieren?

Je nach Anwendungszweck gibt es verschiedene Ansätze. Bereits verfügbar und benutzbar sind Sandbox-Lösungen für E-Mail (SAP/Sybase iAnywhere MobileOffice, Good Enterprise, Nitrodesk Touchdown). Desweiteren gibts Ankündigungen für Virtualisierungslösungen die ein „geschäftliches" OS auf einem Device bereitstellen können.

6.) Was sind die positiven und negativen Aspekte für die Mitarbeiter?

Die Sandbox-Lösungen für E-Mail sind benutzbar. Positiv und negativ ist die Trennung der geschäftlichen Termine von den privaten (je nach Standpunkt). Eher negativ ist die Bedienung der Software, da diese oftmals weniger ansprechend aussieht als die nativen Applikationen der Geräte. Virtualisierungslösungen habe ich persönlich noch nicht im Einsatz erlebt. Eher negativ würde ich beurteilen, dass Files auf dem Gerät nur innerhalb der VM betrachtet werden können. Möchte ein Anwender seine Files aber zum Beispiel bearbeiten, würde ihm hier keine Möglichkeit geboten diese aus der VM in eine native Applikation seiner Wahl zu transferieren. Sicherheit würde dann die Bedienbarkeit einschränken.

7.) Was sind die Chancen und Risiken für ein Unternehmen?

Sandbox Lösungen und Virtualisierungen bringen die Möglichkeit rasch Geräte unterstützen zu können ohne deren Funktionen und einschränkungen eingehend untersuchen zu müssen.
Risiko ist die Benutzerakzeptanz solcher Lösungen. Je nach Governance im Unternehmen kann dies zum Umstoss einer solchen Lösung führen oder es werden Umgehungslösungen gesucht die schlussendlich unsicherer sind als halb verwaltete Devices (bsp. Dropbox, Google-Calendar, etc.)

8.) Wie stellen Sie sich ein IT-Service(Helpdesk) nach erfolgreicher Projektumsetzung vor?

Der Service Desk kann die Vielzahl von Devices nicht vollends unterstützen. Die Verantwortung muss so also zu einem grösseren Teil dem Anwender übergeben werden. Der Service Desk ist beispielsweise nur noch für den Netzwerkübergang ins Unternehmen und die darunterliegenden Dienste verantwortlich. Natürlich müsste in so einem Fall auch immer ein voll verwaltetes Gerät zur Auswahl stehen. Dieses Gerät würde weniger Funktionen bieten, wäre aber voll vom Unternehmen unterstützt

9.) Ist es denkbar, dass das Verständnis für die IT-Ausfälle wächst, wenn die User sich zuhause mit den Tücken der IT auseinandersetzen?

Eher nicht. An eine Unternehmens-IT stellt man (berechtigterweise) höhere Anforderungen als an die IT-Ausrüstung zuhause. Deshalb sind Dienste im Unternehmen ja teurer als sie zuhause sind. Die IT kann sich funktional nicht mehr mit der Consumer-Welt messen. In Punkto Service-Qualität muss dies aber noch im Interesse der IT sein.

10.) Sollte die BYOD Bewegung durch Unternehmensregeln unterbunden werden? Würde so eine Regelung die „Digital Natives" abschrecken?

Der Ansatz das eigene Device zur Arbeit zu nutzen ist grundsätzlich zu unterstützen. Der Schritt soll aber sehr bewusst gegangen werden. Eine Policy die Devices verbietet wäre kontraproduktiv. Die Abschreckung der Digital Natives zum einen, die „kriminelle" Energie der Anwender zum anderen. In den meisten Fällen liessen sich Umgehungswege finden welche dann noch unsicherer sind.
Der Anwender hat Verständnis wenn man nicht mit dem ganzen Service-Angebot startet, sondern eigene Devices vielleicht nur Schritt für Schritt zulässt (bsp. Erst E-Mail, dann Intranet, etc.)
Die eigenen Devices der Anwender bieten zu grosse Vorteile für das Unternehmen als das man sie verbieten sollte (persönliche Bindung zum Gerät führt zu mehr Sorgfalt, Arbeit wird auch ausserhalb der Arbeitszeit erledigt wenn das Gerät Spass macht, Investitionskosten fallen weg, etc.)

11.) Unter ökonomischer Betrachtung sollen die Kosten durch die Benutzung Privater Hardware gesenkt werden. Ist das ihrer Meinung nach eine realistische Zielsetzung?

Zunehmend ja. Erstmals wird der Betrieb der Integrationsplattformen und die ständige Auseinandersetzung mit dem Consumermarkt die gesparten Investitionskosten übersteigen (buy cheap – run expensive). Mit steigender Maturität der Betriebssysteme wird aber auch die Unternehmensintegration einfacher. Bestes Beispiel sind die mit iOS 4.x eingeführten MDM-Funktionalitäten, die heute eine sehr einfache Integration von iOS-Devices zulassen. Auch andere Betriebssysteme werden diesem Beispiel folgen. Auf lange Sicht stimmt die Zielsetzung. Vielfach wird der zeitliche Aspekt aber nicht berücksichtigt und man erliegt den raschen Einsparungsversprechen.

Position: Leiter IT-Services

Branche: IT-Beratung

1.)   In welchem Zusammenhang hatten Sie Ihre ersten Berührungspunkte mit der Thematik Consumer IT im Business Umfeld?

Die erste Berührung mit dem Thema „Consumer IT im Business Umfeld" kam bei mir und unserer Firma allgemein im Zusammenhang mit der ersten iPad Generation und der immer stärker werdenden Wunsch nach Einbindung mobiler Endgeräte auf.

2.)   Stehen Sie der Entwicklung von Consumer Hardware im Business Umfeld positiv oder negativ gegenüber? Welche Hauptgründe haben Sie für Ihre Entscheidung?

Grundsätzlich neutral (mit positiven Tendenzen). Denn dieses Thema bringt sehr viele Vor- und Nachteile mit sich. Mit gewissen Vorbereitungen und Maßnahmen kann hier dem User eine sehr große Freiheit (allein durch die freiere Wahl des Endgerätes) gewährt werden. Allerdings hat genau dies auch sehr große Schattenseiten. Es kommt also auf das Umfeld und die Planung an ob ein solches Konzept Erfolg hat oder nicht.

3.)   Consumerization ist für die IT-Branche eine Möglichkeit dem wachsenden Innovationsdruck etwas entgegen zu setzten. Was halten Sie von dieser Aussage?

Hier verstehe ich die Frage nicht wirklich. Der Innovationsdruck auf die IT-Branche hat sich in meinen Augen in keiner Weise verändert.

4.)   Wie könnte ein erfolgreiches Projekt der „Consumerization of IT" aussehen und welches Vorgehen halten Sie für empfehlenswert?

In erster Linie aus einer differenzierten Betrachtungsweise der einzelnen Arbeitsweisen der Mitarbeiter im Unternehmen und einer ausgeklügelten Kommunikationsstrategie. Dies gilt aber eigentlich für ALLE Projekte. Denn jedes Projekt steht und fällt mit der Akzeptanz und Einbindung der (Key)User. Diese würde ich zunächst identifizieren und ins Boot holen und dieses Thema auf den Plan bringen.

5.)   Was sind die positiven und negativen Aspekte für die Mitarbeiter?

Das ist schwer zu beantworten, da es konkret auf den Projektrahmen ankommt. Consumerization of IT ist schließlich ein großer Oberbegriff (ähnlich wie Cloud". Somit wäre auch eine Antwort nur sehr vage. Im Falle von BYOD ist der positive Aspekt für den Mitarbeiter, dass er sich sein Endgerät selbst aussuchen kann. Der negative Aspekt in diesem Fall, dass er sich selbst um den reibungslosen Betrieb sorgen muss sowie eventuelle Hardwareausfälle selbst getragen werden müssen. Streng genommen auch die Arbeitsausfälle die dem Unternehmen dadurch entstehen. Das ist dem Mitarbeiter am meiner Meinung nach so nur begrenzt zuzumuten. Auch ist definitiv nicht jeder User geeignet / in der Lage sich selbst um seine IT-Geräte zu kümmern. Das ist also ein Problem für User UND Unternehmen.

6.) Was sind die Chancen und Risiken für ein Unternehmen?

Grundlegend natürlich die Chance bestimmte Kosten zu eliminieren. Das Risiko dabei ist allerdings, dass man sich durch die Consumerization of IT Probleme einfängt die man so bisher nicht kannte. Auch neue Kostengrößen können entstehen die so vielleicht nie im Fokus waren.

7.) Wie stellen Sie sich ein IT-Service(Helpdesk) nach erfolgreicher Projektumsetzung vor?

Nicht viel anders als bisher. Denn gerade in großen IT-Landschaften ist (dank Hard- und Software Standardisierung) die Anzahl der Geräte spezifischen Probleme eher gering. Wenn die Umsetzung erfolgreich war, dann sollten hier ja auch keine erhöhten Arbeitsaufwände für die neuen Geräte entstehen.

8.) Ist es denkbar, dass das Verständnis für die IT-Ausfälle wächst, wenn die User sich zuhause mit den Tücken der IT auseinandersetzen?

Das ist eher nicht zu erwarten. Denn auch heute melden sich im IT-Support Personen die sich „mit den Tücken der Technik" auseinander setzen und beschweren sich über Ausfälle.

9.) Sollte die BYOD Bewegung durch Unternehmensregeln unterbunden werden? Würde so eine Regelung die „Digital Natives" abschrecken?

Nein, ich denke man muss und sollte sich mit diesem Thema differenziert auseinander setzen. Schon allein um Chancen und Risiken sowie konkrete Gefahren die hierdurch entstehen konkret abwägen/erkennen zu können. Sicher würden hierdurch auch „Digital Natives" abgeschreckt, dies ist aber als Unternehmen sicherlich nicht mein vordergründiges Problem wenn ich mich mit diesem Thema auseinander setze. Das Zusammenleben in einer Gemeinschaft (Staat, Firma, Familie) funktioniert schließlich auch nur, wenn alle sich gewissen Regeln beugen. Ob ich diese nun gut oder schlecht finde steht auf einem völlig anderen Blatt.

10.) Unter ökonomischer Betrachtung sollen die Kosten durch die Benutzung Privater Hardware gesenkt werden. Ist das ihrer Meinung nach eine realistische Zielsetzung?

Mit geeigneter Planung und differenzierten Szenarien (kein „One size fits all" Szenario) kann dies sehr gut möglich sein. Mit steigender Anzahl an Applikationen die vom (Fat)Client auf den Server wandern (z.B. als Webapplikation) ist dies durchaus realistisch. Je nachdem wie weit hier das jeweilige Unternehmen bereits ist...

Position: Group Leader

Branche: Einzelhandel -Baumarkt

1.)   In welchem Zusammenhang hatten Sie Ihre ersten Berührungspunkte mit
      der Thematik Consumer IT im Business Umfeld?

      *Anforderung / Ideen seitens der Geschäftsleitung. Berichte in der Fach-
      presse und in Foren.*

2.)   Stehen Sie der Entwicklung von Consumer Hardware im Business Umfeld
      positiv oder negativ gegenüber? Welche Hauptgründe haben Sie für Ihre
      Entscheidung?

      Ich stehe der Entwicklung Negativ gegenüber.

      Begründung:
      *Der Arbeitsplatz ist kein Sandkasten, in dem ich meine Förmchen mitbrin-
      gen kann und spielen kann. Konzentrieren wir uns doch mal auf
      Die eigentliche Aufgabe des Business: Ein Buchhalter muss seine Buchhal-
      tung machen, ein Marketing Mitarbeiter muss seine Konzepte schreiben, al-
      le müssen kommunizieren, alle benötigen zentrale Ressourcen und inte-
      grierte Workflows. Diese kurze Liste ist beliebig fortzusetzten. Als Anwen-
      der soll ich mein eigens Device mitbringen – vordergründig – mich aber
      eben auch selber darum kümmern.*

      *Nur weil wir die Arbeit weg von der IT verlagern, verdunstet diese Arbeit
      nicht im Nirvana. Im Gegenteil! Die Arbeit, die bislang von professionellen
      Mitarbeitern erledigt wurde, und dafür Sorge trug das das obigen Anforde-
      rungen erfüllt waren, wird nun auf Laien übertragen.
      Bezahle ich wirklich meine Mitarbeiter dafür, dass sie sich selber um ihre IT
      kümmern müssen? Oder bezahle ich meine Mitarbeiter für etwas anderes?*

      *Grundsätzlich ist zu sagen, dass hier der Eindruck entsteht, dass Business
      möchte die interne IT abschaffen. Ein Kostenfaktor, der eh nicht transparent
      gegenüber kaufmännisch geprägten IT Managern und Entscheidern seine
      Daseinsberechtigung fundiert verkaufen kann.*

      *Verlagerung der IT Verantwortung auf den Mitarbeiter. Wann gehen die
      Gewerkschaften auf die Barrikaden? Wird das überhaupt passieren? Was
      ist mit der gesetzlichen Regelung, dass mein Arbeitgeber mir ein funktionie-
      rendes Arbeitsumfeld stellen muss? Oder sind wir auf dem Weg alles zu
      amerikanisieren? Bringen wir unser Werkzeug demnächst selber mit?
      Sind wir auf dem Weg „bring your own device", oder befinden wir uns auf
      dem Weg „take care of your needs – we won't"?*

Ist dies die Einstiegstür zur Rationalisierung der Verwaltungs- und Büro-landschaften?

3.) Consumerization ist für die IT-Branche eine Möglichkeit dem wachsenden Innovationsdruck etwas entgegen zu setzten. Was halten Sie von dieser Aussage?

Völliger Unsinn. Operative Hektik bei geistiger Windstille. Ich bin zu starr und zu unflexibel – also schmeiße ich einen Brocken über den Zaun, damit die Community etwas hat um sich zu zerreißen.

„Innovation" ist eine Unternehmenskultur, egal wo (ob IT oder nicht). Die IT kann noch so „innovativ" sein, wenn die Entscheider in Unternehmen immer nur Bestandswahrung betreiben und nur Kosten einsparen wollen, dann ist Innovation zum Scheitern verurteilt. Dies ist kein IT spezifisches Problem.

4.) Wie könnte ein erfolgreiches Projekt der „Consumerization of IT" aussehen und welches Vorgehen halten Sie für empfehlenswert?

Die hierfür notwendigen Technologien sind weder vorhanden, noch ist mir deren Entwicklung bekannt.

Zudem hätte ich gerne einmal eine genaue Definition dieses Buzz-Words. Welches Ziel verfolgen wir hier? Bringe ich nur mein Notebook von Zuhause mit? Bekomme ich Geld und kaufe mir ein Gerät, welches ich behalte und auch privat nutze? Ist das nicht Geldwertevorteil? Wäre das nicht zu versteuern? Wie sieht es aus, wenn ich mein eigenes Gerät von zu Hause mitbringe? Bekomme ich ein tägliches/wöchentliches/monatliches Salär dafür? Was ist wenn ich Anwendungssoftware für meine Arbeit benötige? Suche ich die selbst aus? Installiere ich diese selber? Was ist wenn ich nicht mehr weiterkomme – Service und Support für beliebige Software? Wie sieht es mit Peripheriegeräten aus (Drucker, Scanner, Monitore, LAN,WLAN)? Eingang nur über Zertifikate? Was wenn die Zertifikate auf bestimmten Rechnern nicht funktionieren, Druckerteiber nicht kompatibel sind? Der eine Dokumente mit OpenOffice erstellt, der Andere mit Office2000 („geht doch") Office2003 und die anderen schon mit Office2010? Gemeinsame Ressourcen?

Viele unbeantwortete Fragen! Definiert doch bitte mal was ihr wollt und schmeißt nicht nur mit Buzz-Words umher.

5.) Was sind die positiven und negativen Aspekte für die Mitarbeiter?

Positiv:
Kurzer Motivationsschub durch „fancy" Arbeitsplatz

Negativ:

Frustration, wenn ich merke, dass mir im Unternehmen keiner weiterhelfen kann, weil keiner tiefe Apple oder Linux Kenntnisse hat, oder keiner Zeit hat, weil der Service und Support im Unternehmen nur die technischen Services (z.B. XEN, VDI o.ä) zur Verfügung stellt.

6.) Was sind die Chancen und Risiken für ein Unternehmen?

Ich sehe aktuell keine Chancen, solange ich nicht weiß was man damit wirklich erreichen will.

7.) Wie stellen Sie sich ein IT-Service(Helpdesk) nach erfolgreicher Projektumsetzung vor?

Was sollen diese Mitarbeiter denn bitte Supporten? Alle mögliche Hardware und Softwarekombination?

In der aktuellen technologischen Situation kann nur dafür gesorgt werden, dass der Virtualisierungsclient korrekt installiert ist und die Netzverbindung funktioniert.

Ähnlich wie heute bei der Telekom, wenn mein DSL nicht funktioniert. Hier reden wir aber nicht von privater Spielerei. Solange wir nicht definieren, welches Ziel wir genau erreichen wollen, solange werden wir mit diesen Buzz-Words im Dunkeln stochern.

8.) Ist es denkbar, dass das Verständnis für die IT-Ausfälle wächst, wenn die User sich zuhause mit den Tücken der IT auseinandersetzen?

In geringem Maße kann ich mir das vorstellen, aber nicht als zwangsläufige Entwicklung. „Wir" sind schließlich die Profis und von uns wird verlangt das Problem schnell zu lösen und Vorkehrungen zu treffen, dass dies nicht wieder passiert.

9.) Sollte die BYOD Bewegung durch Unternehmensregeln unterbunden werden? Würde so eine Regelung die „Digital Natives" abschrecken?

Warum sollte das „Digital Natives" abschrecken? Bin ich nicht auch „Digital Nativ"? Ich habe meinen ersten Rechner mit 14 Jahren gehabt (ZX80), dann den C64 und meine ersten Programme geschrieben, über Atari, Amiga und Intel 8086 mit 10 MB Festplatte bis heute zum Core i7 und 256 GB SSD....

Geht es hier um modische Assesoires oder geht es hier um sinnvolle Arbeitsmittel?

Bedeutet „digital Native" das ich Ahnung von der IT habe, oder bedeutet es vielmehr, dass ich es gewohnt bin Technik zu nutzen? Das sind durchaus zwei verschiedene Aspekte. Der Konsum von Technik und Kommunikation befähigt noch lange nicht diese zu beherrschen. Ich warne ausdrücklich davor, digital Natives als IT affin zu betrachten – das wird der Sache nicht gerecht.

Woher kommt diese Welle überhaupt?

Meines Erachtens kommt diese „Mode" aus großen Konzernen – hier speziell von frustrierten Mitarbeitern und genervten ITlern.

Gespeist aus der Schwerfälligkeit der IT in großen Konzernen. Hier entsteht aus ganz natürlichen Beweggründen ein Wunsch nach mehr Flexibilität und Innovation - wobei Innovation mehr dem Wunsch nach „endlich neuere Systeme" entspricht, als dem Ruf nach wirklicher Innovation.

Da die IT hier keine probate Lösung anbieten kann, verfährt man nach dem Motto „dann mach es halt selber".

10.) Unter ökonomischer Betrachtung sollen die Kosten durch die Benutzung Privater Hardware gesenkt werden. Ist das ihrer Meinung nach eine realistische Zielsetzung?

Natürlich. Ich senke die Kosten auf Seiten der IT und verliere auf der anderen Seite aber Effizienz und Effektivität.

Wie oben angeführt, muss mein Buchhalter, HR Mitarbeiter, Vertriebsmitarbeiter oder meine Sekretärin jetzt Zeit aufwenden um ihre Hardware lauffähig zu halten. Unter dem Stricht verliere ich.

Vordergründig senke ich Kosten. Ist das mein Kerngeschäft? Kostensenken? Oder muss ich mich als IT darum kümmern, dass ich durch innovative Konzepte und Ideen mein Business (Kerngeschäft) zu besseren Ergebnisse befähige?

Zusammenfassend muss ich feststellen, dass die Unternehmensführung und die IT es nicht verstanden haben ihre Ziele in Einklang zu bringen. Die Unternehmensführung, die die IT nur als Kostenfaktor sieht und die IT, die es nicht verstanden hat diesen Eindruck zu revidieren.

Schauen wir uns erfolgreiche Unternehmen weltweit an, so können wir feststellen, dass die Unternehmen, die ihre IT in die Buisinessstrategie integrieren hier besonders häufig vertreten sind.

BYOD steht als Hilferuf, als Bankrotterklärung der IT gegenüber dem Business.

Solange ein Betriebssystem, Anwendungssoftware, Treiber, LAN connection, Security Firewalls, Virenscanner) nicht stark vereinfacht werden, ist dem Anwender eine Administration seines Rechners nicht zuzumuten.

Weiterhin ist eine solche Forderung – vorausgesetzt, sie ist legitimiert – nur dann erfolgreich einsetzbar, wenn auch der Collaborationaspekt entsprechend gewürdigt wurde. UC und UCC sind noch weit davon entfernt Standard zu sein und die Entwicklung der browserbasierten Kommunikations- und Informationsdienste befindet sich in den Kinderschuhen.

Ob Facebook, Xing, Twitter oder Apple. Alle haben die Art und Weise der Kommunikation nachhaltig verändert. Ob und wie diese neue Kommunikations- und Technikaffinität dazu geeignet ist unsere Businesswelt zu revolutionieren ist eine offene noch nicht beantwortete Frage. Reine Verwendung nicht näher definierter Buzz-Words reicht hier nicht aus.

Position: Director IT Strategy&Architecture

Branche   Automobilindustrie

1.)   In welchem Zusammenhang hatten Sie Ihre ersten Berührungspunkte mit
      der Thematik Consumer IT im Business Umfeld?

*Seit einigen Jahren nimmt das Thema Mobility im privaten Bereich einen
großen Umfang ein. So sind natürlich die Anforderungen an die Mobilen
Lösungen der Conti eher gestiegen. Die Mitarbeiter wollen zunehmen nur
noch ein mobiles Gerät und nicht mehr die Unterscheidung zwischen privaten und geschäftlichen Devices. Ebenso das Thema der Art der Kommunikation, welche sich im privaten Umfeld total verändert hat. Web 2.0 oder
Chat oder viele andere Plattformen wollen auch geschäftlich genutzt werden.*

2.)   Stehen Sie der Entwicklung von Consumer Hardware im Business Umfeld
      positiv oder negativ gegenüber? Welche Hauptgründe haben Sie für Ihre
      Entscheidung?

*Grundsätzlich positiv, aber jeder muss wissen, dass wir dort ganz am An-
fang stehen. Für kleine Firmen ist das überhaupt kein Thema, aber die großen internationalen Firmen sind*
a)   Ziel von Cyber Attacken
b)   Haben legalen Anforderungen zu erfüllen
c)   Müssen wesentlich komplexere Prozesse erfüllen
*d)   Die Technologien, die Anwendungen sinnvoll und ohne Datenhaltung
auf die Devices zu bringen, sauber und transparent funktionieren*

Wenn alle diese Dinge erfüllt sind, macht es Sinne.

3.)   Consumerization ist für die IT-Branche eine Möglichkeit dem wachsenden
      Innovationsdruck etwas entgegen zu setzten. Was halten Sie von dieser
      Aussage?

*Diese Aussage verstehe ich überhaupt nicht, dieser Druck wird doch von al-
len IT Firmen durch den starken Konkurrenzdruck erst hervorgerufen. Die
IT Branche hatte immer die kürzesten Innovationszyklen, da sie vor 25-30
Jahren extrem viel Geld verdient hat (ich auch). Die Umsätze brachen
gerade wegen der Consumeration, getrieben von den PCs und viel Software, teilweise dramatisch ein. Daher musste sich die IT Branche immer
sehr schnell mit meistens mehr oder weniger vermarktbaren Innovationen
über Wasser halten. Auf der IT-Anwenderseite wird durch Consumeration
erst recht der Innovationsdruck aufgebaut. Die Herausforderungen einer
solchen Freiheit für die Anwender bereitet uns doch große Kopfschmerzen.*

4.) Wie könnte ein erfolgreiches Projekt der „Consumerization of IT" aussehen und welches Vorgehen halten Sie für empfehlenswert?

Grundsätzlich steht und fällt ein solches Projekt mit der technischen Mach-barkeit sowie der damit verbundenen Sicherheit und Stabilität. Auch muss man sich die Unternehmensbereich ansehen, in denen es überhaupt Sinn macht. Die Anwendungen müssen entsprechend vorbereitet sein und vor allen Dingen muss man sich vorher im Klaren sein, wer denn überhaupt den Support später leisten soll. Grundsätzlich wird die Verantwortung auf den einzelnen Anwender abgeschoben. Das ist den meisten nicht bewusst.

5.) Was sind die positiven und negativen Aspekte für die Mitarbeiter?

Größere Freiheit und die Chance, mit seinem Lieblingsspielzeug zu arbei-ten, wird sicherlich als positiv empfunden. Ebenso, dass die Gerätevielfalt zurückgeht. Allerdings wird der Mitarbeiter sehr schnell merken, dass er mehr Verantwortung aufgebürdet bekommt.

6.) Was sind die Chancen und Risiken für ein Unternehmen?

Die Risiken werden steigen, allein schon durch die Vielzahl an Devices, die nicht mehr kontrolliert werden können. Chancen sehe ich im Moment eher nicht, die Firmenziele hängen von wesentlich anderen Dingen ab. Sicherlich kann man sehr viel Geld sparen, wenn die Devices nicht mehr gekauft wer-den müssen und der Support eingestellt werden kann. Nur glauben wir da-ran??

7.) Wie stellen Sie sich ein IT-Service(Helpdesk) nach erfolgreicher Projektum-setzung vor?

Warum diese Frage? Grundsätzlich macht der dann nicht mehr viel, in der Struktur und seiner Arbeitsweise ändert sich nichts. Es können neue , aber möglicherweise auch weniger Themen auf einen Helpdesk zukommen. Heute helfe UHDs in allen Belangen, dass wird definitiv mehr und mehr ent-fallen – was aber keinem so richtig bewusst ist.

8.) Ist es denkbar, dass das Verständnis für die IT-Ausfälle wächst, wenn die User sich zuhause mit den Tücken der IT auseinandersetzen?

In meinen Augen ein völlig falsche Fragestellung. Ersten ist die IT nicht primär beauftragt, den Enduser glücklich zu machen, sondern den Ge-schäftsprozess und das Geschäft selbst optimal mit IT Services zu unter-stützen. Daher ist bei Ausfällen immer die Company betroffen, zwar auch der Anwender, aber der erleidet keinen Schaden.

9.) Sollte die BYOD Bewegung durch Unternehmensregeln unterbunden werden? Würde so eine Regelung die „Digital Natives" abschrecken?

Sehr gute Frage!!
In vielen Fällen beugen sich die Firmen dem Diktat zu Öffnung, aus Angst
keine Mitarbeiter zu bekommen. Sicherlich müssen sich die Firmen öffnen
und auch von einigen strengen Regeln abgehen – in der Tendenz sehe ich
es aber sehr schwierig an, wenn die potentiellen Mitarbeiter den Unterneh-
mern (80% der Firmen sind Inhaber geführt) vorschreiben, was sie zu tun
haben.
Auch die Sog. „ Digital Natives" werden sich an Regeln halten müssen,
auch wenn sie es heute in der Regel bis zum Ende des Studiums nicht
brauchten. BYOD heißt nicht, dass man alles machen und kommunizieren
kann.

10.) Unter ökonomischer Betrachtung sollen die Kosten durch die Benutzung
Privater Hardware gesenkt werden. Ist das ihrer Meinung nach eine realistische Zielsetzung?

Genau das wird sich zeigen, wenn jemals ein solche Projekt im großen Stil
durchgezogen worden ist. Grundsätzlich denke ich aber nicht, da die Hard-
ware Kosten der geringste Teil in einem IT Service sind. Heute bekommt
man Smartphones sowie Laptops und Desktops für derart geringes Geld,
so dass sich das Verhältnis der Kosten für die Endgräte zu den Gesamtkos-
ten der IT eher unter 15% liegt. Die Kosten werden meiner Meinung nach
sogar steigen, da die Aufwendungen im Backend steigen werden.

Position: CIO

Branche: Einzelhandel

1.)   In welchem Zusammenhang hatten Sie Ihre ersten Berührungspunkte mit
       der Thematik Consumer IT im Business Umfeld?

*Seid dem es IPhones gibt, regt sich in meinem Umfeld der Wunsch seine
privaten Systeme mit in die Business IT zu bringen. Dies bezieht sich allerdings nur auf die Hardware. Consumer IT ins Business Umfeld zu bringen
gibt es nach meiner Einschätzung im Bereich der Software schon viel länger. Access ist hier ein gutes Beispiel. Auf diese Weise sind in der Vergangenheit häufig selbst programmierte Anwendungen ins Business gelangt.
Sie haben in nicht enigen Fällen zeitweise unternehmenskritische Funktionen übernommen. Es kommt also ganz auf die Sichtweise an. Der Wunsch
eigene Laptops nutzen zu wollen ist mir erst durch die Presse verdeutlicht
worden. Ich selbst kenne diese Anforderung nicht.*

2.)   Stehen Sie der Entwicklung von Consumer Hardware im Business Umfeld
       positiv oder negativ gegenüber? Welche Hauptgründe haben Sie für Ihre
       Entscheidung?

*Insgesamt ist es eine positive Entwicklung. Die Standardisierung von Sys-
temen sorgt dafür, das Mitarbeiter an die Systeme des Business nicht mehr
so intensiv angelernt werden müssen. Falls Sie die Systeme nicht schon
per se besser kennen, als es für einen Einsatz im Business notwendig ist.
Ein Lenovo-Laptop z. B: kann sich auch jeder Endanwender kaufen. Was
allerdings negativ ist, dass der Eindruck erweckt wird, dass die Systeme alle im Detail gleich seien. Diesen Reifegrad hat die IT insgesamt noch nicht.
Aus diesem Grunde sehe ich den Einsatz von Consumer Hardware im Unternehmen nur dann als positiv an, wenn dieser Einsatz über die IT gesteuert wird. Ansonsten sehe ich den sicheren und effizienten Einsatz von Consumer Hardware im Business kritisch.*

3.)   Consumerization ist für die IT-Branche eine Möglichkeit dem wachsenden
       Innovationsdruck etwas entgegen zu setzten. Was halten Sie von dieser
       Aussage?

*Ich halte diese Aussage zum großen Teil für falsch. Das Business hat ei-
nem bestimmten Zweck zu folgen. Im Rahmen des Unternehmensziels
wertschöpfend tätig zu sein. Falls Consumeration von IT dieses Ziel unterstützt ist das ok. In den meisten Unternehmen wird dieser Trend wohl eher
hinderlich sein, unabhängig davon ob Innovation damit verhindert werden.
Denn was ist Innovation? Ein IPad in ein Unternehmen integrieren, dass
sich nicht gut integrieren lässt oder auf ein Gerät warten, dass den Anforde-*

rungen des Unternehmens entspricht. Dafür aber später kommt und nicht so cool aussieht.

4.) Wie könnte ein erfolgreiches Projekt der „Consumerization of IT" aussehen und welches Vorgehen halten Sie für empfehlenswert?

Ein erfolgreiches Produkt muss sich nahtlos in eine Business-Infrastruktur einfügen. Ein Problem von Apple war, dass es zum Markteintritt keine Antworten auf die Fragen des Business nach Integration, Betrieb und Sicherheit gab. Erst langsam bilden sich jetzt Antworten zu diesen Fragen. Allerdings sind sie noch vom Reifegrad weit von dem entfernt, was Business IT heute an Anforderungen stellt. Aus diesem Grunde ist das optimale Consumer Gerät für die IT eines, dass sich sicher betreiben lässt, ohne neue Investitionen integriert werden kann und das die IT in guter Qualität in großen Organisation managen kann.

5.) Was sind die positiven und negativen Aspekte für die Mitarbeiter?

Ich sehe primär positive Aspekte für den reinen Einsatz von Business IT in (den meisten) Unternehmen. Der Anwender erhält ein voll ausgestattetes Gerät, das in Wartung, Sicherheit, Anbindbarkeit und Verfügbarkeit optimal an die Erfordernisse des jeweiligen Unternehmens angepasst ist. Lediglich der emotionale Effekt nicht „das Neueste" zu besitzen, sehe ich als hinderlich an. Diese negative Effekt kann aber durch ein klares Kommunikationskonzept an die Mitarbeiter zumindest gemildert werden.

6.) Was sind die Chancen und Risiken für ein Unternehmen?

Chancen sehe ich nur bei Unternehmen, die darauf angewiesen sind, sehr eine deckungsgleiche Situation mit ihren Kunden zu haben. Mini hat z. B. eine App für das Motorenmanagement herausgegeben. Das IPhone hat hier Wege aufgezeigt, Kundenbindung über Consumer IT zu verstärken. In solchen Bereichen keine Consumer IT zuzulassen wäre falsch. In einer Versicherung ober bei einer Bank BYOPC zuzulassen kann ich mir zu allein aus Gründen der Sicherheit nicht vorstellen.

7.) Wie stellen Sie sich ein IT-Service(Helpdesk) nach erfolgreicher Projektumsetzung vor?

Bei der Consumerisation der IT wird nach meiner Einschätzung folgender Effekt eintreten. Erst wird eine Reduzierung der Leistung erfolgen. Jeder, der Consumer IT nutzt ist für den reibungslosen Betrieb selbst verantwortlich. Dann wird es nach den ersten großen Problemen ein Umdenken geben. Die IT wird schrittweise in die Lage gedrängt werden, die „Kleinigkeiten" doch mit zu machen. Im Endeffekt wird die IT dann so lange einen Zoo zu verwalten haben, wie es die signifikanten Unterschiede in den Systemen gibt, die es heute zu managen gilt.

8.) Ist es denkbar, dass das Verständnis für die IT-Ausfälle wächst, wenn die User sich zuhause mit den Tücken der IT auseinandersetzen?

Ich denke es kommt darauf an, wie tief sich der Einzelne persönlich mit dem Thema IT auseinander setzt. Falls ein Ausfall in der heimischen IT dazu führt, dass ein Freund oder Verwandter sich des Problems annimmt und auch immer schnell eine Lösung findet, wird sich daraus kein Verständnis bilden. Erst wenn es zu Problemen kommt, die zum einen tiefgreifend sind (z. B. Datenverlust) und zum anderen nicht sofort von der privaten Hilfe gelöst werden können, erst dann besteht nach meiner Einschätzung die Chance, dass sich der Wert der Arbeit in der IT etwas positiver darstellt.

9.) Sollte die BYOD Bewegung durch Unternehmensregeln unterbunden werden? Würde so eine Regelung die „Digital Natives" abschrecken?

Ja, aus meiner Sicht sollte diese Entwicklung gestoppt werden. Nein, ich kann keine Anzeichen dafür erkennen, dass solch eine Entscheidung dazu führt, dass ein Arbeitgeber für sog. Digital Natives unattraktiv wird. Meine persönlichen Befragungen zeigen eher das Gegenteil. Die Mitarbeiter bei uns wollen ein umfassenden Support und können sich den eigenen Betrieb von selbst ausgesuchten Systemen nicht vorstellen.

10.) Unter ökonomischer Betrachtung sollen die Kosten durch die Benutzung Privater Hardware gesenkt werden. Ist das ihrer Meinung nach eine realistische Zielsetzung?

Aus meiner Sicht werden die Kosten nur kurzfristig sinken, langfristig erwarte ich einen signifikanten Anstieg beim Support und in der Infrastruktur, wenn solch einem Handeln Vorschub geleistet wird.

Position: Head Client & Network Services

Branche: Technologie

1.) In welchem Zusammenhang hatten Sie Ihre ersten Berührungspunkte mit der Thematik Consumer IT im Business Umfeld?

Endanwender haben das Bedürfnis, verschiedenste mobile Endgeräte für ihre Geschäftsprozesse zu verwenden. Die Unternehmensrichtlinie erlaubt den Einsatz von „ungemanaged'ten" Systemen nicht. Darüber hinaus möchte der Endanwender am besten private und geschäftliche Bedürfnisse gemischt erfüllen. (also z.B. private und geschäftliche e-mail auf dem Apple I-Phone).

2.) Stehen Sie der Entwicklung von Consumer Hardware im Business Umfeld positiv oder negativ gegenüber? Welche Hauptgründe haben Sie für Ihre Entscheidung?

Positiv. Das Arbeitsleben hat sich derart verändert (z.B. flexible Arbeitszeiten, Always-Online Ansatz auch für Business-Rechenzentren, weitere IT-Fokussierung auf für klassische Berufe), dass die strikte Trennung von Dienst und Privat eher zum Hemmnis wird, als dass es den Arbeitnehmer schützt. Für jede Lebenslage, in der ein MA für das Unternehmen gerade aktiv sein möchte, eine Hardware-Lösung über aufwändige Warenkorb-Konzepte bereitzustellen, ist aus Kostengründen schwierig durchzuhalten. Flexibilisierung für den MA ist für mich der Schlüssel zur Unternehmer und Arbeitnehmer Zufriedenheit. Consumerization, wenn gut implementiert, kann hier helfen.

3.) Consumerization ist für die IT-Branche eine Möglichkeit dem wachsenden Innovationsdruck etwas entgegen zu setzten. Was halten Sie von dieser Aussage?

„Entgegensetzen" ist für mich das falsche Wort. Eher wie beim Judo mitgehen und den Druck für sich gewinnbringend einsetzen.

4.) Wie könnte ein erfolgreiches Projekt der „Consumerization of IT" aussehen und welches Vorgehen halten Sie für empfehlenswert?

Wichtig erscheint mir die Schnittstellendefinition, über die die Zugriffe auf dienstliche Systeme erfolgen. Danach muss der Abgleichprozess dieser Technologien mit bestehenden Sicherheitsrichtlinien erfolgen.

5.) Was sind die positiven und negativen Aspekte für die Mitarbeiter?

positiv: Flexibilitiät, freie Endgeräte-Wahl (Zufriedenheit), ggf. höhere Produktivität der MA = auch mehr Erfolg für den MA
Negativ: Flexibilität!

Letzteres wird ggf. Unternehmen eingefordert, dadurch ggf. erhöhter Druck auf MA.

6.) Was sind die Chancen und Risiken für ein Unternehmen?

Höhere Produktivität, höhere Zufriedenheit der MA, schnellere Inbetriebnahme von Endgeräten
Risiken: ggf. nicht wasserdichtes Sicherheitskonzept (Daten immer im RZ? Etc.), ggf. hoher Aufwand zu Herstellung der Betriebsmodi und der Sicherheit

7.) Wie stellen Sie sich ein IT-Service(Helpdesk) nach erfolgreicher Projektumsetzung vor?

Kein Endgeräte Support. Deshalb die Schnittstellendefinition aus 4) so wichtig. Mit den Technologien aus 5 könnte der Support sich lediglich auf die Business-Apps im RZ beschränken. Endgeräte und Internetzugriff können nur bedingt unterstützt werden -> High skilled MA notwendig.

8.) Ist es denkbar, dass das Verständnis für die IT-Ausfälle wächst, wenn die User sich zuhause mit den Tücken der IT auseinandersetzen?

Ich denke nicht, dass das Verständnis wächst, zumindest nicht wesentlich, denn in meiner Vorstellung ist die Schnittstelle entscheidend. 99% der Dinge, die funktionieren müssen, damit der Anwender erfolgreich Geschäfte erledigen kann, laufen in den Rechenzentren der Unternehmen. Das Potenzial der IT-Ausfälle ist hier deutlich höher, was sich nicht ändern wird. Werden Mischmodelle gewählt (z.B. Offline-Sync von Mails/Daten in geschützte Bereiche), sähe dies ggf. anders aus. Allerdings wäre das Helpdesk-Konzept dann auch zu erweitern, so dass der Ball weiterhin bei der zentralen IS-Abteilung wäre.

9.) Sollte die BYOD Bewegung durch Unternehmensregeln unterbunden werden? Würde so eine Regelung die „Digital Natives" abschrecken?

Ich denke nicht, dass dies langfristig unterbunden werden kann. Die Vielzahl der Endgeräte und die schlechte Stellung der zentralen IT in Fragen der Durchsetzung der Richtlinienkompetenz kombiniert mit den Business Requirements der „getriebenen" Anwender (wirtschaftlich unter Hochdruck) muss ein Unternehmen eher dazu veranlassen, das Thema aktiv zu behandeln. Auch in der Vergangenheit haben strikte Verbote selten zum Erfolg des Unternehmens beigetragen.

Irgendwann wäre es tatsächlich ein Erfolgsfaktor für ein Unternehmen, auch beim Recruting, wenn sämtliche Geräte zur Erfüllung der Aufgaben eingesetzt werden dürfen.

10.) Unter ökonomischer Betrachtung sollen die Kosten durch die Benutzung Privater Hardware gesenkt werden. Ist das ihrer Meinung nach eine realistische Zielsetzung?

Nein, nicht signifikant. Die schieren Anschaffungskosten eines Endgerätes machen einen denkbar kleinen Anteil am TCO aus („der Klassiker"). Wartung- und Betriebskosten der Hardware und Betriebssysteme verlagern sich zu großen Teilen in das RZ. Lediglich eine gewissen Chance der Einsparung entsteht durch besser Möglichkeiten der Standardisierung durch zentralen Betrieb und Bereitsstellung von virtuellen Desktops/Terminal Servern.

Position: Presales Service Lifecycle Management

Branche: Technologie

1.)   In welchem Zusammenhang hatten Sie Ihre ersten Berührungspunkte mit
       der Thematik Consumer IT im Business Umfeld?

       *Mobile Telefone im Büro mit Zugang zu Exchange-Servern und E-Mail An-
       bindung.*

2.)   Stehen Sie der Entwicklung von Consumer Hardware im Business Umfeld
       positiv oder negativ gegenüber? Welche Hauptgründe haben Sie für Ihre
       Entscheidung?

       Positiv, um die Akzeptanz von IT zu erhöhen.

3.)   Consumerization ist für die IT-Branche eine Möglichkeit dem wachsenden
       Innovationsdruck etwas entgegen zu setzten. Was halten Sie von dieser
       Aussage?

       *Der Innovationsdruck wird weiter so bestehen bleiben, wie er ist. Consume-
       rization ist definitiv eher ein Element, welches den Druck erhöht*

4.)   Wie könnte ein erfolgreiches Projekt der „Consumerization of IT" aussehen
       und welches Vorgehen halten Sie für empfehlenswert?

       *Virtualisierte Desktop-Umgebungen ermöglichen die Nutzung privater End-
       geräte im Business-Umfeld bei Beibehaltung der Sicherheitsrichtslinien.*

5.)   Was sind die positiven und negativen Aspekte für die Mitarbeiter?

       *Positiv: Höhere Akzeptanz der IT, durch Nutzung eigener Geräte
       Negativ: Wechsel auf virtuelle Umgebungen*

6.)   Was sind die Chancen und Risiken für ein Unternehmen?

       *Chancen: Höher Akzeptanz der Nutzer
       Risiken: Sicherheitsaspekte*

7.)   Wie stellen Sie sich ein IT-Service(Helpdesk) nach erfolgreicher Projektum-
       setzung vor?

       *Hoffentlich genauso wie zuvor, da die Auswirkungen auf die interne IT so
       gering wie möglich gehalten werden sollte, z.B. durch*

Virtualisierungstechonogie. Hierdurch wird der Einsatz von Helpdeesk & Co eher vereinfacht.

8.) Ist es denkbar, dass das Verständnis für die IT-Ausfälle wächst, wenn die User sich zuhause mit den Tücken der IT auseinandersetzen?

Ja, das ist vorstellbar. Allerdings erwarte ich eher ein höheres Frustlevel bei den Anwendern, wenn es keine einfachen Geräte gibt. Es wird wahrscheinlich auch nur dann funktionieren, wenn (!) die Geräte keine Tücken aufweisen.

9.) Sollte die BYOD Bewegung durch Unternehmensregeln unterbunden werden? Würde so eine Regelung die „Digital Natives" abschrecken?

Nein, es sollte nicht unterbunden werden. Aber es sollten geeignete technische Regeln gesetzt werden. Ja, so etwas würde u.a. Digital Natives abschrecken.

10.) Unter ökonomischer Betrachtung sollen die Kosten durch die Benutzung Privater Hardware gesenkt werden. Ist das ihrer Meinung nach eine realistische Zielsetzung?

Derzeit sieht es ja eher so aus, dass BYOD-Geräte zusätzlich zur Standard IT Ausrüstung genutzt werden. Durch die notwendigen IT-Umstellungen, wie zB. Virtualisierungstechnologie, werden die Kosten eher steigen.

Position: Consulting, Architecture & Strategy

Branche: IT-Beratung

1.) In welchem Zusammenhang hatten Sie Ihre ersten Berührungspunkte mit der Thematik Consumer IT im Business Umfeld?

Integration eines neuen Kunden bei einem meiner „Provider" Kunden.

2.) Stehen Sie der Entwicklung von Consumer Hardware im Business Umfeld positiv oder negativ gegenüber? Welche Hauptgründe haben Sie für Ihre Entscheidung?

Hohe identifikation für den MA, indirektes Ziel der Zentralisierung wird durch den Kunden „gefördert", denn das zuvor umgesetzte „Zentralisieren" ist ein „MUSS".

3.) Consumerization ist für die IT-Branche eine Möglichkeit dem wachsenden Innovationsdruck etwas entgegen zu setzten. Was halten Sie von dieser Aussage?

Wenig. Innovation ist für mich entweder etwas Bestehendes Günstiger, Schneller oder Dynamischer bereitstellen zu können oder etwas, was wir bisher nicht liefern konnten, endlich liefern zu können.
Consumerization ist für mich eher Zweites und somit „Ergänzend" im Sinne der bestehenden Modelle, denn ein Arbeitsplatz gibt es ja meist schon.

4.) Wie könnte ein erfolgreiches Projekt der „Consumerization of IT" aussehen und welches Vorgehen halten Sie für empfehlenswert?

Würde den Rahmen sprengen.

5.) Was sind die positiven und negativen Aspekte für die Mitarbeiter?

Verändertes Verhalten bei Supportvorgängen, Probleme durch Mitarbeit des Konsumenten bei OnSite Services,
Hohe Auswahl der HW durch den Konsumenten um „Seine" HW zu nutzen,
Hohe identifikation, Vetrauensbildene Massnahme zwischen Mensch und IT

6.) Was sind die Chancen und Risiken für ein Unternehmen?

Entkoppleung von HW zu SW, Wechsel von statischen zu dynamischen Laufzeitmodellen, Reifegrad „Erhöhung" durch Wechsel von systemisch zu Serviceorientiert

7.) Wie stellen Sie sich ein IT-Service(Helpdesk) nach erfolgreicher Projektumsetzung vor?

Geordneter. Ganz klare Entscheidungsbäume, da HW von Services entkoppelt und Lösen nach Triage. Immer wenn die Triage nicht greift und „Service" ausgeschlossen, ist der ServiceDesk nur noch Mittler zwischen Sich und Konsument (HW)

8.) Ist es denkbar, dass das Verständnis für die IT-Ausfälle wächst, wenn die User sich zuhause mit den Tücken der IT auseinandersetzen?

Braucht es nicht bei korrekter Umsetzung des zentralen Gedankens. Die Services werden alle zentral bezogen, auf der Consumer HW braucht es ledigillich einen Browser und einen ICA, RDP etc. Client.

9.) Sollte die BYOD Bewegung durch Unternehmensregeln unterbunden werden? Würde so eine Regelung die „Digital Natives" abschrecken?

Ganz sicher. Tut es schon heute.

10.) Unter ökonomischer Betrachtung sollen die Kosten durch die Benutzung Privater Hardware gesenkt werden. Ist das ihrer Meinung nach eine realistische Zielsetzung?

Die Umsetzung ist keine Kostenfrage, sondern die des Gewinnes. Alleine durch die Nutzerzufriedenheit, identifikation wir man mehr Kraft und Willen des Einzelnen haben, sei es durch die Identifikation oder auch der Wahrnehmung des Einzelnen. Benutzer können auch einfach nur 8h anwesend sein, Dienst nach Vorschrift, etc.. Aber BYOD bei den entsprechenden Zielgruppen (nicht alle!) schafft genau den Unterschied den es braucht um die „richtigen Personen" zu bewegen.

Position: Geschäftsführer

Branche: IT-Beratung

1.)   In welchem Zusammenhang hatten Sie Ihre ersten Berührungspunkte mit
      der Thematik Consumer IT im Business Umfeld?

      *Einbindung privater Endgeräte (damals Palm) in Unternehmens-IT im Jahre
      2000 bei einem Energieversorger.*

2.)   Stehen Sie der Entwicklung von Consumer Hardware im Business Umfeld
      positiv oder negativ gegenüber? Welche Hauptgründe haben Sie für Ihre
      Entscheidung?

      *Positiv, da der Benutzer entscheiden sollte, wie er arbeiten möchte, nicht
      die IT, wie er soll.*

3.)   Consumerization ist für die IT-Branche eine Möglichkeit dem wachsenden
      Innovationsdruck etwas entgegen zu setzten. Was halten Sie von dieser
      Aussage?

      *Jein. Conzumeritzation übt auch einen gewissen Druck aus, der aber m.E.
      dazu führt, Innovationen zu fördern, statt aus Fadenscheinigen Gründen
      (Governance, Security) zu bremsen.*

4.)   Wie könnte ein erfolgreiches Projekt der „Consumerization of IT" aussehen
      und welches Vorgehen halten Sie für empfehlenswert?

      Pauschal nicht zu beantworten, individuell sehr unterschiedlich.

5.)   Was sind die positiven und negativen Aspekte für die Mitarbeiter?

      *Positiv: Mitarbeiter können ihre persönliche Arbeitsweise einbringen, statt
      sich an Unternehmensstandards anzupassen.
      Negativ: Digital Immigrants fallen hinter Digital Natives zurück.*

6.)   Was sind die Chancen und Risiken für ein Unternehmen?

      *Chancen: Positiver Einfluss beim „Fight for Talents"
      Risiken: Anfänglich höherer administrativer Aufwand & Security Risiken*

7.)   Wie stellen Sie sich ein IT-Service(Helpdesk) nach erfolgreicher Projektum-
      setzung vor?

      *Trennung zw. Digital Natives & Immigrants. Natives helfen sich selbst,
      Immigrants „werden geholfen"*

8.) Ist es denkbar, dass das Verständnis für die IT-Ausfälle wächst, wenn die User sich zuhause mit den Tücken der IT auseinandersetzen?

IT-Ausfälle werden bei vernünftiger Conzumerization-Umsetzung weniger. Verständnis sinkt eher (wann fällt Amazon/Google/Ebay schon aus ?)

9.) Sollte die BYOD Bewegung durch Unternehmensregeln unterbunden werden? Würde so eine Regelung die „Digital Natives" abschrecken?

Nein, aber kontrolliert & gesteuert. Wenn dies die BYOD-Regelung fördert, dann schreckt es die Natives nicht ab.

10.) Unter ökonomischer Betrachtung sollen die Kosten durch die Benutzung Privater Hardware gesenkt werden. Ist das ihrer Meinung nach eine realistische Zielsetzung?

Absolut! Unpraktisch ist allerdings die steuerliche Gesetzgebung in Deustchland.

Position: Director Enterprise Architecture, Account CTO

Branche: IT-Beratung

1.) In welchem Zusammenhang hatten Sie Ihre ersten Berührungspunkte mit der Thematik Consumer IT im Business Umfeld?

Viele Kunden fragen an und auch die eigenen Mitarbeiter wünschen sich mehr Flexibilität bei der Auswahl der IT Geräte

2.) Stehen Sie der Entwicklung von Consumer Hardware im Business Umfeld positiv oder negativ gegenüber? Welche Hauptgründe haben Sie für Ihre Entscheidung?

Sehr positiv.
a) der Mitarbeiter bekommt mehr Verantwortung und wird kleine Probleme sicher mit mehr Leidenschaft lösen als bisher (auch nach Dienst)
b) Die Firma hat keine schweren Hardware
Beschaffungszyklen und damit auch weniger gebundenes Kapital.
c) Gerade hochqualifizierte Mitarbeiter erwarten auch diese Flexibilität und akzeptieren auch eine damit verbundene 'Verschmelzung' von privaten und beruflichen Engagement (siehe soziale Netzwerke, etc.)

3.) Consumerization ist für die IT-Branche eine Möglichkeit dem wachsenden Innovationsdruck etwas entgegen zu setzten. Was halten Sie von dieser Aussage?

Damit verlagert man das Thema eigentlich nur auf den Mitarbeiter (zumindest was das End Device betrifft) . Im Zentralen muss man aber um sehr mehr innovativ sein, um die Sicherheit und die Dynamik in den Griff zu bekommen.

4.) Wie könnte ein erfolgreiches Projekt der „Consumerization of IT" aussehen und welches Vorgehen halten Sie für empfehlenswert?

Consumerization of IT wird es nur für eine bestimmte Gruppe von Personen geben und auch Sinn machen. (ein sogenannter 'blue color worker' wird auch später noch einen Computer am Band erwarten und nicht einen eigenen mitbringen).
Das bedeutet, ersten geht es darum die Anforderungen, die Applikationen und den Personenkreis zu definieren, für den das Sinn macht. Dann müssen Security Policies der Company evtl. beachtet oder angepasst werden. Und letztendlich muss eine Infrastruktur geschaffen werden, welche dies ermöglicht.
(- PS: ich verdiene mein Geld mit dieser Beratung-)

5.) Was sind die positiven und negativen Aspekte für die Mitarbeiter?

*Positiv: Der Mitarbeiter kann sich sein IT Arbeitsumfeld selbst aussuchen.
Arbeit und privates verschwimmt.*

*Negativ: Der Mitarbeiter ist selbst verantwortlich dafür, dass er mit dieser
Ausstattung auch arbeiten kann. Notfalls muss er dann seine Freizeit op-
fern.
Arbeit und privates verschwimmt.*

6.) Was sind die Chancen und Risiken für ein Unternehmen?

*Chancen sind sich als Unternehmen attraktiv zu machen. Weniger Kapital
im end device zu binden.
Dem Mitarbeiter mehr Freude an der Arbeit zu bieten.
Die IT zentralisiert sich wieder mehr, was die Administration sehr verein-
facht.
Risiko: Security und der Abfluss von Daten muss sehr gut geregelt werden.
Neue Strukturen müssen eingeführt und alte aufgebrochen werden.*

7.) Wie stellen Sie sich ein IT-Service(Helpdesk) nach erfolgreicher Projektumsetzung vor?

*Auch hier kommt es auf das Konzept an, wie man ein BYOD umsetzt. (Dual
Boot, VMware, oder nur Portale)
Auf jeden Fall muss sehr klar geregelt werden, was der Help Desk leistet
und was nicht. Vor allem muss das sehr deutlich an die Mitarbeiter kommuniziert werden.
z.B, Für Mitarbeiter mit BYOD werden nur Hilfestellungen für die Business-
applikation gegeben. Etc.*

8.) Ist es denkbar, dass das Verständnis für die IT-Ausfälle wächst, wenn die
User sich zuhause mit den Tücken der IT auseinandersetzen?

*Wahrscheinlich nicht. Denn Ausfälle wird es geben und diese sind immer
ärgerlich.*

9.) Sollte die BYOD Bewegung durch Unternehmensregeln unterbunden werden? Würde so eine Regelung die „Digital Natives" abschrecken?

*Das kommt auf die Art der Regeln an. Wenn man diese sehr liberal gestal-
tet und die Notwendigkeit gewisser Sicherheitsvorkehrungen darstellt, dann
eher nicht.*

10.) Unter ökonomischer Betrachtung sollen die Kosten durch die Benutzung Privater Hardware gesenkt werden. Ist das ihrer Meinung nach eine realistische Zielsetzung?

Ich glaube nicht, das die Kosten der IT in Summe damit gesenkt werden. Sicherlich wird das eine oder andere Prozent dabei als Plus zu verbuchen sein. Wichtiger aber scheint mir die Tatsache, dass
A) die Mitarbeiter nun selbst verantwortlich Arbeiten können
B) Mit mehr Motivation bei der Arbeit sind
C) die Mitarbeiter im schnitt mehr für die Firma tun, da sich privates und geschäftliches vermischt (z.B. wenn der Rechner für private Zwecke an ist, dann schaue ich auch mal schnell auf meine geschäftlichen Emails...)

Position: Systemadministrator - Clientmanagement

Branche: Gesundheitswesen

1.) In welchem Zusammenhang hatten Sie Ihre ersten Berührungspunkte mit der Thematik Consumer IT im Business Umfeld?

Wir haben Clientmanagement bisher als interne Dienstleistung auf freiwilliger Basis für Abteilungen angeboten. Insbesondere von Abteilungen, die dies für PCs nutzen, kommt schon seit einigen Jahren immer mal wieder eine Anfrage, ob ein privates Notebook von uns betreut wird. Wir lehnen das grundsätzlich ab, aber geben zumindest die Basisinfos weiter, wie die Netzkonfiguration aussehen muss.
Seit wir die Möglichkeit der Mail-Synchronisation zuerst per PDA und jetzt per Smartphone anbieten, kommen auch diesbezüglich Wünsche. Auch hier waren wir bisher eher restriktiv. Es wurden nur bestimmte Modelle bzw. Windows Mobile als OS unterstützt.

2.) Stehen Sie der Entwicklung von Consumer Hardware im Business Umfeld positiv oder negativ gegenüber? Welche Hauptgründe haben Sie für Ihre Entscheidung?

Insbesondere aus Sicherheitsbedenken eher negativ. Wir haben keine Kontrolle darüber, was über die privaten Notebooks an Viren, Würmern u.ä. eingeschleppt und was an Daten entfernt wird; wobei der erste Punkt wichtiger ist. Gefahren bzgl. Datenschutz existieren ja auch über tragbare Speichermedien und E-Mail.

Außerdem erschwert es ganz allgemein den Support. Wir können zwar Hardware-Support für private Geräte ablehnen und die Reparaturen dem User überlassen, aber im Bereich Software werden wir z.B. damit konfrontiert, dass Dateien mit anderen – neueren – Softwareversion erstellt werden und dann von Kollegen an Standardarbeitsplätzen nicht weiterbearbeitet werden können. Alleine die Diskussionen mit einem User, warum es für sein spezielles Problem keinen Support gibt, können schon zeitraubend sein.

Wir befinden uns in meinem Unternehmen gerade in einer Phase der Umstrukturierung der IT. Alle dezentralen EDV'ler, die bisher in manchen Abteilungen mehr oder weniger autark gewerkelt haben, werden jetzt in die zentrale IT integriert. In diesen dezentralen Bereichen gab es den Hang zu privaten Geräten immer schon stärker als bei uns, weil wir in unseren Dienstleistungsverträgen dies von vorneherein ausgeschlossen haben, aber insbesondere Führungskräfte in Abteilungen mit eigener EDV gewohnt waren, jeglichen Support verlangen zu können. Ich denke, dass in diesen autonomen Abteilungen ein Supportaufwand für Privatgeräte aufgebracht

wird, der im Vergleich zu Standard-PC-Arbeitsplätzen deutlich höher liegt.
Ich halte es für sehr zweifelhaft, dass diese erhöhten Kosten durch einen
entsprechenden Mehrwert für das Unternehmen aufgewogen werden.

3.) Consumerization ist für die IT-Branche eine Möglichkeit dem wachsenden
Innovationsdruck etwas entgegen zu setzten. Was halten Sie von dieser
Aussage?

Der Innovationsdruck wird durch Consumerization zu einem nicht unerheb-
lichen Teil überhaupt erst erzeugt. Nicht jegliche Innovation ist per se ein
Vorteil für ein Unternehmen. Ich denke, man muss bei der ganzen Diskus-
sion sehr genau hinschauen, um welche Unternehmen und welche Art von
Arbeitsplätzen es sich handelt. Es besteht zunächst für jedes Unternehmen
die Notwendigkeit, in der eigenen Branche gute Arbeit zu leisten und dies
potentiellen neuen Kunden zu vermitteln. Die IT ist – außer bei IT-
Unternehmen selber – ja nur Werkzeug hierzu. Wenn mein Hauptgeschäft
darin besteht, irgendwelche Waren zu erzeugen oder Dienstleistungen außerhalb der IT zu anbieten, brauche ich dazu nicht unbedingt immer sofort
die neuesten IT-Trends, sondern zunächst mal eine stabile Arbeitsumgebung, die den Mitarbeitern die Geräte und Programme verfügbar macht, die
sie brauchen, ohne dass sie sich selber mit Einrichten und Problemlösung
dieser Geräte beschäftigen müssen.
Als Unternehmen, das IT-Lösungen verkauft oder Beratung oder Support
dafür anbietet, ist das natürlich etwas anders; hier müssen neue Trends
und Entwicklungen zumindest zeitnah aufgegriffen werden. Aber sie sollten
auch hier nicht ungeregelt einfach Einzug halten, indem jeder einfach mal
mitbringt, was ihm selber gerade gut gefällt.

4.) Wie könnte ein erfolgreiches Projekt der „Consumerization of IT" aussehen
und welches Vorgehen halten Sie für empfehlenswert?

Es müsste auf jeden Fall eindeutig geregelt sein

- für welche Bereiche des Unternehmens bzw. für welche Mitarbeiter-
  gruppen das in Frage kommt
- wie die Zuständigkeiten bzgl. Support, Reparaturen, ggf. Ersatzgeräte sind bzw. wo die Grenze des Unternehmenssupports liegt
- welche Mindestanforderungen an Sicherheitsstandards erfüllt sein
  müssen und wie diese kontrolliert werden können

Es sollten Workshops stattfinden mit Key-Usern aller Bereiche und (gemeinsam oder extra) mit der Geschäftsleitung, um Anforderungen, Wünsche, Bedenken zu erfassen und zu kanalisieren als Entscheidungsgrundlage, wie und in welcher Form Consumerization eingeführt werden könnte.
Das wichtigste dabei ist eine einheitliche und eindeutige Stellungnahme der

Geschäftsleitung, die die getroffene Entscheidung unterstützen und vor allem den Mitarbeitern akzeptabel machen muss.
Die technische Ausgestaltung ist demgegenüber vermutlich viel einfacher zu lösen. Am ehesten kann ich mir vorstellen, dass ein großer Teil der Unternehmens-Applikationen mittels Applikationsvirtualisierung bereit gestellt wird, da nur so der Supportaufwand wirksam verringert werden kann.

5.) Was sind die positiven und negativen Aspekte für die Mitarbeiter?

Positiv: Sie bekommen die EDV-Umgebung, die sie haben wollen.
Negativ: Sie bekommen die EDV-Umgebung, die sie haben wollen.

Scherz beiseite:
Positiv ist wohl in erster Linie das Gefühl, die Umgebung selber gestalten zu können. Das trägt für manche sicher erheblich zur Motivation bei. Wenn das gleiche Gerät auch privat genutzt wird, ist das Arbeiten damit natürlich vertrauter, als wenn man zwischen verschiedener Hardware und verschiedenen OS- und Programmversionen wechseln muss. Das betrifft aber vor allem Menschen, die keine Berührungsängste gegenüber EDV-Technologie haben und gerne mal ein wenig basteln und experimentieren.

Negativ ist, dass sie nicht damit rechnen können, Support für EDV-Probleme zu bekommen, da die zentrale IT sicher nicht in der Lage ist, eine Vielzahl an Geräten und Programmversionen gleich gut zu beherrschen und zu überschauen. Die Integration ins Unternehmensnetz kann schwierig sein, insbesondere wenn viele eher exotische oder gar selber entwickelte Anwendungen im Einsatz sind, die besondere Anforderungen stellen, oder Peripherie angebunden werden soll.
In meinem „Kundenkreis" sind sehr viele Mitarbeiter – Sachbearbeiter in den Verwaltungsabteilungen, Pflegekräfte, Dokumentare –, die vor allem wollen, dass ihr PC störungsfrei funktioniert, und die Veränderungen an ihrer EDV-Umgebung nicht leicht akzeptieren, weil ihr gewohnter Arbeitsablauf dadurch gestört wird.

6.) Was sind die Chancen und Risiken für ein Unternehmen?

Ich denke, dass der klassische Firmen-PC wohl tatsächlich nach und nach aussterben wird; die Kosten für den Support sind im Grunde genommen zu hoch, auch wenn man Möglichkeiten der Softwareverteilung, Fernwartung und Desktopmanagement nutzt.
Ich denke, für sehr viele EDV-Arbeitsplätze – je nach Branche unterschiedlich viele, bei uns sicher um 80 % - kommen Netzcomputer (Thin Clients) in Frage, da nur ein begrenzter Pool von Standardprogrammen genutzt wird. Für die übrigen – die auch schon mal unterwegs oder zu Hause arbeiten, oder die speziellere Programme benötigen – werden flexiblere Modelle notwendig sein. Die Unternehmensanwendungen könnten über Applikati-

onsvirtualisierung bereit gestellt werden; auf welchem Endgerät sie dann laufen, ist letztlich nicht so wichtig, sofern es - s.o. – klar geregelt ist, wer im Supportfall zuständig ist und welche Sicherheitsrichtlinien einzuhalten sind.

Es gibt sicher Bereiche, wo man unter diesen Umständen private Geräte sinnvoll einsetzen könnte, um die Motivation der Mitarbeiter. Bei uns ist das am ehesten der ärztliche bzw. wissenschaftliche Bereich sowie die Führungskräfte der Abteilungen, sofern sie auch zu Hause und unterwegs dienstlich tätig sein wollen/müssen. Ob die Produktivität damit tatsächlich erhöht wird, ist wohl nur sehr schwer nachzuweisen. Es ist wohl eher so, dass bei gleichbleibendem Stand der Technik gerade die erwähnten Mitarbeiter eher demotiviert und damit weniger produktiv würden und somit letztlich diese Entwicklung unausweichlich wird, um dies zu vermeiden.

7.)   Wie stellen Sie sich ein IT-Service(Helpdesk) nach erfolgreicher Projektumsetzung vor?

Es müsste ganz klare Richtlinien geben, für welche Geräte und welche Probleme Support geleistet wird und für welche nicht. Es müsste wohl auch ein Pool an Ersatzgeräten vorhanden sein, die bei Ausfall eines nicht unterstützen Geräts dem Anwender zumindest mal ein Weiterarbeiten ermöglichen, bis er sein Gerät repariert hat.

8.)   Ist es denkbar, dass das Verständnis für die IT-Ausfälle wächst, wenn die User sich zuhause mit den Tücken der IT auseinandersetzen?

Das kann man nicht verallgemeinern. Es gibt nach meinen Erfahrungen User, die verständnisvoll reagieren und dankbar sind, wenn man ihr Problem gelöst hat, und solche, die aufgebracht und unwirsch reagieren, und es besteht da nach meiner Beobachtung kein Zusammenhang zwischen der Reaktionsweise und dem Grad an technischem Verständnis. Gerade diejenigen, die selber tüfteln und basteln und zu Hause alles selber machen, bringen gerne auch mal Kritik an, was an der zentralen IT alles nicht so gut läuft, und was alles viel besser laufen könnte, wenn man es macht wie sie.

9.)   Sollte die BYOD Bewegung durch Unternehmensregeln unterbunden werden? Würde so eine Regelung die „Digital Natives" abschrecken?

Wie unter 6. gesagt, glaube ich, dass früher oder später kein Weg an BYOD vorbeiführt, auch wenn es mir persönlich nicht gefällt. Ob es die Digital Natives abschreckt, kann ich nicht beurteilen; dazu kenne ich zu wenig. Ich kann mir nicht vorstellen, dass BYOD ein entscheidendes Kriterium dafür sein könnte, ob ich eine Stelle irgendwo annehme oder ablehne, aber als ein Punkt unter mehreren könnte es wohl eine Rolle spielen. Aber auch hier kommt es auf die Branche und die Art der Stelle an, und nicht zuletzt auf die Arbeitsmarktlage insgesamt. Wenn insbesondere gut ausgebildete *und leistungsfähige junge Nachwuchskräfte fehlen, sind solche Aspekte sicher wichtiger als bei höherer Arbeitslosigkeit. In weniger qualifizierten Jobs spielt das dagegen sicher kaum eine Rolle.*

Ich glaube auch, dass die Digital Natives zu homogen gesehen werden. Es ist doch keineswegs so, dass alle Jugendlichen und jungen Erwachsenen heute, nur weil sie mit Notebooks, iPads, Smartphones usw. schon aufgewachsen sind und sich in sämtlichen sozialen Netzwerken tummeln, deswegen schon automatisch ein höheres IT-Verständnis haben oder gar natürlicherweise eine bessere Qualifikation für die Unternehmensprozesse, die mit IT zu tun haben oder davon betroffen sind.

10.) Unter ökonomischer Betrachtung sollen die Kosten durch die Benutzung Privater Hardware gesenkt werden. Ist das ihrer Meinung nach eine realistische Zielsetzung?

Das hängt wohl davon ab, ob „privat" wirklich bedeutet, dass der User alles selber zahlt, oder ob ihm – wie in dem einen Online-Beitrag erwähnt – ein Pauschalbetrag vom Unternehmen zur Verfügung gestellt wird, mit dem er alles bestreiten muss. Im ersten Fall werden die Kosten auf den Mitarbeiter abgewälzt; ob dieser sich damit widerspruchslos abfindet, ist die Frage. Im anderen Fall wird es sehr schwer, eine realistische Summe einzusetzen. Wenn sie zu niedrig ist, könnten wiederum für zumindest einige Mitarbeiter hohe Eigenkosten übrig bleiben; wenn sie zu hoch ist, bleibt vom Einsparungseffekt nichts übrig.

Außerdem hängt es davon ab, wie konsequent für private Hardware kein Support geleistet wird. Es wird ja Anrufe beim HelpDesk geben, die das Problem zunächst mal eingrenzen und entscheiden müssen, ob die Unternehmens-IT zuständig ist. Und Probleme, die durch Unternehmensapplikationen kommen, können nicht prinzipiell komplett abgewälzt werden.

Wenn es Einsparungen gibt, gehen sie zu Lasten der Mitarbeiter. Diese sind offenbar bereit, die Kosten zu tragen, wenn sie dafür ihr Gerät nutzen können. Letztlich setzt sich in der Unternehmens-IT das fort, was in vielen anderen Bereichen längst üblich ist, nämlich Einsparungen durch verminderte Dienstleistung, indem der Kunde/User immer mehr Dinge selber erledigt, die früher ein Verkäufer oder anderer Dienstleister erbracht hat. Die Menschen sparen Geld und verlieren dafür Freizeit und merken es noch nicht einmal, weil sie diese übernommenen Dienstleistungen Freizeitbeschäftigung werten, statt sie von der Freizeit abzuziehen.

Aber dieser letzte Absatz geht über den Fragebogen wohl etwas hinaus.

P.S. noch eine persönliche Beobachtung an mir selber zu Punkt 8 und 9: Ich schreibe dies zu Hause an meinem privaten Laptop, das ich vor 6 Monaten gekauft habe, mit Windows7, das wir im Betrieb noch nicht einsetzen.

Das Laptop hat sich einmal völlig unmotiviert plötzlich abgeschaltet; und die Akkuanzeige verhält sich merkwürdig. Obwohl solche Dinge ja zu meinem Tagesgeschäft gehören, habe ich überhaupt keine Lust, mich jetzt hier mit diesem Problem zu beschäftigen. Ich werden – wie die Mehrzahl meiner User – erstmal nichts machen und schauen, ob es nochmal auftritt, und dann ggf. zu dem Laden gehen, wo ich es erworben habe, und dort Support – möglichst auf Garantie – anfordern. Soviel zum Thema „selbstverantwortlicher Umgang mit privaten Geräten"…

Position: Application Consultant

Branche: Energie

1.) In welchem Zusammenhang hatten Sie Ihre ersten Berührungspunkte mit der Thematik Consumer IT im Business Umfeld?

Als die ersten Mitarbeiter angefangen haben, sich ihren Kalender, ihre Kontakte und Mails auf private Mobiltelefon/Smartphones zu synchronisieren.

2.) Stehen Sie der Entwicklung von Consumer Hardware im Business Umfeld positiv oder negativ gegenüber? Welche Hauptgründe haben Sie für Ihre Entscheidung?

Eher kritisch – Business Hardware ist auf die speziellen Anforderungen des Business ausgerichtet, während Consumer Hardware andere Bedürfnisse befriedigt. Consumer Hardware ist z.B. gar nicht darauf ausgerichtet, von zentraler Stelle gemanaged zu werden.

3.) Consumerization ist für die IT-Branche eine Möglichkeit dem wachsenden Innovationsdruck etwas entgegen zu setzten. Was halten Sie von dieser Aussage?

Die IT-Branche ist ein weites Feld. Kann schon sein, dass es in den Kreativbereichen der IT-Branche irgendwo zutrifft, aber generell eher nicht.

4.) Wie könnte ein erfolgreiches Projekt der „Consumerization of IT" aussehen und welches Vorgehen halten Sie für empfehlenswert?

Kann mir in meinem Arbeitsbereich kein solches Projekt vorstellen, das ein Erfolg wäre. Was es bereits gibt ist der Zugriff auf Desktop-Anwendungen auf einem Terminalserver über beliebige Webbrowser. Das funktioniert natürlich auch per Webbrowser auf Consumer Gerät, aber ist nichts Neues.

5.) Was sind die positiven und negativen Aspekte für die Mitarbeiter?

Positiv: Jeder kann sich das Gerät aussuchen, das er für geeignet hält und damit nach seiner Facon glücklich werden.
Negativ: Kommt darauf an, wie großzügig die Firma ist. Wenn's Gerät im Firmeneinsatz herunterfällt, zahlt die Firma für einen Ersatz? Organisiert die Firma ausreichend Support, wenn das Gerät nicht richtig funktioniert?
Wenn nicht, ist es für den Mitarbeiter ärgerlich.

6.) Was sind die Chancen und Risiken für ein Unternehmen?

Chance: Geringer Hardwarebeschaffungskosten, potentiell höhere Mitarbeiterzufriedenheit.

Risiken: Höhere Supportkosten, Gefahr von Datenverlusten, mehr Aufwand bis vorhandene Anwendungen auf allen Geräten gleichermaßen gut funktionieren.

7.) Wie stellen Sie sich ein IT-Service(Helpdesk) nach erfolgreicher Projektumsetzung vor?

Die werden dann gut was zu tun haben und Fehlermeldungen unterschiedlichster Couleur zu hören bekommen.

8.) Ist es denkbar, dass das Verständnis für die IT-Ausfälle wächst, wenn die User sich zuhause mit den Tücken der IT auseinandersetzen?

Nein. Die Anwender gehen davon aus, dass in der IT hochbezahlte Spezialisten ihren Dienst tun, die natürlich in allem perfekt zu sein haben, so dass es gar keine Ausfälle geben darf.

9.) Sollte die BYOD Bewegung durch Unternehmensregeln unterbunden werden? Würde so eine Regelung die „Digital Natives" abschrecken?

Ja, Regeln sind für jeglichen IT-Einsatz im Unternehmen erforderlich, da ist BYOD keine Ausnahme. Wenn das die Digital Natives abschreckt, braucht sie ein Unternehmen nicht. Sollen sie doch daheim bleiben und Kuchen backen, das können sie nach ihren eigenen Regeln tun.

10.) Unter ökonomischer Betrachtung sollen die Kosten durch die Benutzung Privater Hardware gesenkt werden. Ist das ihrer Meinung nach eine realistische Zielsetzung?

Solange es nur um die Beschaffungskosten geht: Ja. Betrachtet man die TCO: Nein.

Anhang 2 – Interviews mit IT-Verantwortlichen (Hochschulen)

Hochschule: HTW Berlin

Position: Leitung des Rechenzentrums

1.) Seit wann ist es möglich, sich mit dem privaten Laptop in das Hochschulnetz einzuloggen? Von wem (Studenten oder Admins) ging diese Entwicklung aus?

Seit es WLAN an der HTW gibt (2004); Initiator: Rechenzentrum; Ins Festnetz (mit Kabel) nur in Ausnahmefällen möglich

2.) Ist das öffentliche Hochschulnetzwerk von dem internen Hochschulnetzwerk getrennt?

Es gibt ein Lehrnetz (quasi öffentlich) und ein Verwaltungsnetz (intern), beide Netze sind durch mehrstufige Sicherheitslösungen (Firewall, etc.) voneinander getrennt

3.) Inwieweit ermöglichen Sie Studenten den Zugriff auf Hochschulsoftware über das Netzwerk? (Stichwort: Web-Anwendung, SAP Systeme etc...)

Der Zugang zum Verwaltungsnetz ist gründsätzlich gesperrt (Ausnahmefälle sind stud. Mitarbeiter); Wenn Zugang aus dem Internet, dann via (Web)Proxies und vglbare Techniken. Der Zugang zu allen anderen Lösungen im Lehrnetz ist prinzipiell möglich, unterliegt den jeweiligen Lizenz-/ Authentifizierungs- und Autorisierungsregeln der Systemverantwortlichen.

4.) Bei welchen Technologien treten die größten Probleme mit privaten Endgeräten auf?

Probleme treten i.d.R. bei Endsystemen auf, die nicht in der Pflege und Betriebsüberwachung des Rechenzentrums stehen. Virenbefall, fehlende Sicherheitspatches sowie Fehlkonfiguration beliebig vieler IT-Dienste sind die häufigsten Ursachen.

5.) Ihr Helpdesk supportet die privaten Endgeräte, gibt es hier eine Regelung was gemacht werden darf und was nicht?

Es gibt Supportanspruch nur auf inventarisierte Geräte der Hochschule. Private Endgeräte werden nur in Ausnahmenfällen unterstützt. Hardware-Support ist hier ausgeschlossen. Der Support beschränkt sich hier auf die Bereitstellung von Konfigurationsanleitungen, Virenschutzprodukten und andern Software-Produkten für die gängigsten Betriebssysteme und Standard-Anwendungen und die dazugehörige Beratung.

6.) Könnten Sie sich vorstellen, dass das Modell der Hochschulinfrastruktur auch auf Unternehmen übertragbar ist? Welche Hauptgründe haben Sie für Ihre Entscheidung?

Hochschulen sind heute in dieser Hinsicht auch Unternehmen. Insofern wird die IT-Infrastruktur an einer Hochschule mit vergleichbaren Verfügbarkeits- und Sicherheitsanforderungen betrieben, wie Sie in Unternehmen gestellt werden. Die Bandbreitenanforderung von Hochschulen sind wahrscheinlich generell noch höher als bei Durchschnittsunternehmen. Die Nutzung privater IT wird in Unternehmen jedoch deutlich restriktiver gehandhabt. Diese Tendenz wird immer stärker. Die Rezentralisierung der IT in hochverfügbare Datacenter mit jeglichem technischen Schutz wird in Unternehmen deshalb schon länger vorangetrieben, die Hochschulen müssen hier nachziehen (Cloud-Technologien).

7.) Stehen Sie der Entwicklung von Consumer Hardware im Hochschulumfeld positiv oder negativ gegenüber?

Die vom Rechenzentrum beschaffte und betriebe Hardware unterliegt den wirtschaftlichen Abschreibungsvorgaben. Insofern findet ein Generationswechsel in größeren Abständen (4-5 Jahre) statt. Für Beschaffungen werden Standards definiert, und möglichst auf landesweite Rahmenverträge zurückgegriffen. Hinter diesen Verträgen stehen renommierte Hersteller und/oder Vertragspartner, Andersseits sehen wir nicht nur die reine Hardware, sondern IT-Lösungen. Dazu gehören auch Betriebssysteme, Standard-Software, Spezialanwendungen, Lizenzen und eine Vielzahl von Sicherheitsfeatures. Da wir für Nachhaltigkeit stehen, können wir nur sehr selten auf Consumer Produkte zurückgreifen.

8.) Könnten Sie sich vorstellen, dass die Computerräume komplett durch private Endgeräte abgelöst werden?

Grundsätzlich ja, für die nahe Zukunft jedoch nicht:
- *Es gibt noch sehr viele Studierende, die keine oder sehr alte IT besitzen. Die Hochschule muss aber Jede/n ein geeignetes und vergleichbares Umfeld garantieren.*
- *Neue und klare Regelungen des Supports müssen geschaffen werden. Wie werden Verfügbarkeitsanforderungen (z.B. in Prüfungen) umgesetzt?*
- *Die eingesetzten Software-Produkte müssen mehrheitlich Web-Lösungen sein*
- *Die schon heute sehr komplexe Lizenz-Verwaltung erhielte einen ganz anderen Stellenwert.*

Mit Cloud-Technologien kann man sich schrittweise diesem Ziel annähren.

9.) Was sind die positiven und negativen Aspekte, wenn Studenten nur noch private Endgeräte benutzen sollen?

Positiv:
- *Geringere Beschaffungskosten*
- *Konzentration auf zentrale Bereitstellung von IT-Diensten, Anwendungen, Desktops-> Cloud-Gedanke*

Negativ:
- *Gleichstellung der Studierenden*
- *Verantwortlichkeitsprobleme bei Streitfällen (Prüfung)*
- *Alle Anwendungen müssen auf allen Systemumgebungen gleich gut funktionieren*
- *Die Einbindung in die IT-Infrastruktur muss für alle möglichen Systeme garantiert werden.*
- *Support-Regelung*
- *Datenhaltung muss 100% zentralisiert werden*
- *Lösung für Lizenzfrage*

10.) Was sind die Chancen und Risiken für eine Hochschule?

Alle Effekte, die dabei entstehen könnten, wenn die unter Pkt. 9 benannten Fragestellungen nicht im Vorfeld eindeutig geklärt werden. Langfristig könnte die Ausrichtung der IT auf die Unterstützung von Prozessen gegenüber der reinen Hardware-Beschaffung bzw. des Betriebs von Endsystemen gestärkt werden.

11.) Ist es denkbar, dass das Verständnis für IT-Ausfälle wächst, wenn die Studenten sich zuhause mit den Tücken der IT auseinandersetzen?

Technische IT-Ausfälle tendieren gegen Null, auch an der HTW. IT-Ausfälle im Allgemeinen lassen sich i.d.R. auf fehlende und/oder nicht korrekt angewendete Nutzungsregelungen / Konfigurationen / Sicherheitslücken zurückführen. Hier helfen Standards, die zu einer „Reglementierung" der Nutzungsfreiheiten im Umgang mit der IT führen. Der Grad der Reglementierung kann in Unternehmen drastisch herauf "befohlen". An Hochschulen kann und sollte dieser Grad den Zielsetzungen einer Hochschule entsprechen. D.h., der Ort des vermeintlichen IT-Ausfalls (zuhause oder an der HS) entscheidet sicher nicht über das Verständnis darüber. Viel wichtiger ist es, das Verständnis zu wecken, dass der Grad der „Regelmentierung", der einmal festgesetzt wurde, postiv besetzt wird und dann auch aktiv von allen Beteiligen umgesetzt wird.

12.) Unter ökonomischer Betrachtung sollen die Kosten durch die Benutzung privater Endgeräte gesenkt werden. Ist das Ihrer Meinung nach eine realistische Zielsetzung?

Die Kosten für Standard-PCs bleiben sicher auch in Zukunft konstant niedrig. Auf jedem Endgerät, egal ob privat oder beruflich, müssen IT-Lösungen angeboten werden. Momentan verlagert sich die Bereitstellung dieser Lösungen von denzentral (auf Desktop) auf zentral (aus einer Cloud heraus). Die Kosten werden sich verlagern und wahrscheinlich sogar erhöhen (in keinem Fall verringern), da sich ja die Komplexitäts-, Mobilitäts-, Sicherheits und letztlich die Verfügbarkeitsanforderungen permanent erhöhen. Dazu kommt, dass kaum ein Prozess ohne IT auskommt wird. Damit werden auch die Anforderungen an die Integration von IT-Lösungen immer stärker in den Vordergrund treten.

Zusammengefasst bleibt der finanzielle Aspekt eher gering. Die Einbindungen privater und mobiler IT wird eine herausragende Rolle spielen. Die technischen Lösungen dafür gibt es bereits. Auch die HTW wird kurzfristig den Cloud-Gedanken in reale IT-Verfahren und Angebote umsetzen.

Die Regelungen jedoch, wie die eigentlichen Lehrziele in einer mobilen digitalen Welt erreicht und ggf. verbessert werden können, müssen erst erarbeitet und dann auch gemeinsam (Studierende, Lehrende, Dienstleister) getragen werden.

Hochschule: Technische Universität & Ludwig-Maximilian-Universität München

Position: Leitung des Leibniz-Rechenzentrums

1.) Seit wann ist es möglich, sich mit dem privaten Laptop in das Hochschulnetz einzuloggen? Von wem (Studenten oder Admins) ging diese Entwicklung aus?

Studenten können sich seit etwa 2003 mit den privaten Laptops in das Hochschulnetz einloggen. Diese Möglichkeit ist gezielt durch Anregungen der Hochschulleitungen geschaffen worden.

2.) Ist das öffentliche Hochschulnetzwerk von dem internen Hochschulnetzwerk getrennt?

Natürlich existiert ein getrenntes Verwaltungsnetz, ansonsten gibt es aber keine Trennung zwischen öffentlichen und nicht öffentlichen Hochschulnetzwerken.

3.) Inwieweit ermöglichen Sie Studenten den Zugriff auf Hochschulsoftware über das Netzwerk? (Stichwort: Web-Anwendung, SAP Systeme etc…)

Die Studenten können auf eine große Anzahl von Anwendungen der Hochschulsoftware von e-learning bis hin zum Online-Immatrikulationssystem zugreifen, nicht jedoch auf Software für reine Verwaltungsaufgaben, beispielsweise SAP-Systeme.

4.) Bei welchen Technologien treten die größten Probleme mit privaten Endgeräten auf?

Die meisten Probleme beziehen sich auf Viren, aber mit größerem Abstand auch die VPN-Technik. Ansonsten bestehen keine größeren Probleme.

5.) Ihr Helpdesk supportet die privaten Endgeräte, gibt es hier eine Regelung was gemacht werden darf und was nicht?

In der Tat werden private Endgeräte vom Servicedesk mit bearbeitet, es gibt auch eine Festlegung welche Hilfestellungen für private Geräte gegeben werden und welche nicht.

6.) Könnten Sie sich vorstellen, dass das Modell der Hochschulinfrastruktur auch auf Unternehmen übertragbar ist? Welche Hauptgründe haben Sie für Ihre Entscheidung?

Ganz einfach ist das Modell der Hochschulinfrastruktur sicher nicht über-
tragbar. Studenten sind Kunden der Hochschule, Mitarbeiter eines Unter-
nehmens sind in dem Sinne keine Kunden. Schon von daher gibt es ganz
wesentliche Unterschiede. Auch die Sicherheitsanforderungen sind ganz
unterschiedlich gelagert.

7.) Stehen Sie der Entwicklung von Consumer Hardware im Hochschulumfeld
positiv oder negativ gegenüber?

Selbstverständlich kann an der Hochschule in den Bereichen Elektrotechnik
und Informatik auch Consumer Hardware entwickelt werden. Ein typisches
Beispiel ist dafür die Entwicklung von MP3 an der Universität Erlangen-
Nürnberg.

8.) Könnten Sie sich vorstellen, dass die Computerräume komplett durch private Endgeräte abgelöst werden?

Im Prinzip ja, allerdings müssen hinreichend breitbandige Zugänge zum
Netz der Hochschule geschaffen werden, damit Studierende und Mitarbei-
ter mit privaten Geräten genügend leistungsfähigen Zugang haben.

9.) Was sind die positiven und negativen Aspekte, wenn Studenten nur noch
private Endgeräte benutzen sollen?

Positiv ist sicher, die geringere Investitionssumme für die Hochschule, ne-
gativ die starke Heterogenität der privaten Endgeräte.

10.) Was sind die Chancen und Risiken für eine Hochschule?

Die Hauptchancen der Hochschule bestehen darin, eine hinreichend leis-
tungsfähige nahtlose Dienstleistungsinfrastruktur in ihrer Software für ihre
Studierenden zu schaffen. Die Frage des Zugangs über private oder öffent-
liche Endgeräte ist im Vergleich dazu relativ unerheblich.

11.) Ist es denkbar, dass das Verständnis für IT-Ausfälle wächst, wenn die Studenten sich zuhause mit den Tücken der IT auseinandersetzen?

Ja.

12.) Unter ökonomischer Betrachtung sollen die Kosten durch die Benutzung
privater Endgeräte gesenkt werden. Ist das Ihrer Meinung nach eine realistische Zielsetzung?

Ja.

Hochschule: Ostfalia Hochschule für angewandte Wissenschaften

Position: Leiter des Rechenzentrums

1.)   Seit wann ist es möglich, sich mit dem privaten Laptop in das Hochschul-
      netz einzuloggen? Von wem (Studenten oder Admins) ging diese Entwick-
      lung aus?

      Seit ca. 5 Jahren per WLAN. Die Initiative ging vom Rechenzentrum aus.

2.)   Ist das öffentliche Hochschulnetzwerk von dem internen Hochschulnetz-
      werk getrennt?

      *Ja, es gibt eine zentrale Firewall zum Internet, und die Zugriffe auf die an-
      deren Subnetzbereiche werden per ACL (access control list) auf den Layer-
      3-Switchsytemen geregelt.*

3.)   Inwieweit ermöglichen Sie Studenten den Zugriff auf Hochschulsoftware
      über das Netzwerk? (Stichwort: Web-Anwendung, SAP Systeme etc...)

      *Der Zugriff auf alle Web-Anwendungen ist möglich. Für SAP, ERP, Daten-
      banken, FM etc. ist der Zugriff nicht möglich.
      Das Copy und Print System nutzt das IPP auch via WLAN.*

4.)   Bei welchen Technologien treten die größten Probleme mit privaten Endge-
      räten auf?

      *Die Masse der vielen unterschiedlichen PDAs aber auch ungepflegte, alte
      Windows-Installationen führen zu Problemen, diese mit dem Hochschulnetz
      zu verbinden. Hier sind dann meist Treiberprobleme die Ursache.*

5.)   Ihr Helpdesk supportet die privaten Endgeräte, gibt es hier eine Regelung
      was gemacht werden darf und was nicht?

      *Das Rechenzentrum bietet neben Anleitungen (rzwiki.ostfalia.de) auch eine
      Notbook-Sprechstunde direkt am Service Desk.*

6.)   Könnten Sie sich vorstellen, dass das Modell der Hochschulinfrastruktur
      auch auf Unternehmen übertragbar ist? Welche Hauptgründe haben Sie für
      Ihre Entscheidung?

      *Das kommt auf das Unternehmen an. I.d.R. würde ich aus Gründen der IT-
      Sicherheit, möglicher Datenschutzprobleme und der Wahrung von Indust-
      riegeheimnissen eine striktere Trennung vornehmen.*

7.) Stehen Sie der Entwicklung von Consumer Hardware im Hochschulumfeld positiv oder negativ gegenüber?

Ich sehe das als problematisch an, da diese nicht immer über die nötigen Treiber (im WLAN z. B. WPA-Enterprise – Windows7 Home z.B.) verfügt.

8.) Könnten Sie sich vorstellen, dass die Computerräume komplett durch private Endgeräte abgelöst werden?

Im Prinzip ja, aber …
Ich halte es für nahezu unmöglich, das auf den privaten Rechnern die Nutzer die nötige Software für ihr Studium sauber installieren und pflegen können. Von Lizenzproblemen mal ganz abgesehen: Z. B. darf eine Hochschullizenz/Campuslizenz auf privaten Rechnern eingesetzt werden?

9.) Was sind die Chancen und Risiken für eine Hochschule?

Verlässlichkeit der Nutzung von PCs in Laborveranstaltungen. Datensicherung, etc., kurz alles, was eine professionelle IT-Infrastruktur alles benötigt.

10.) Ist es denkbar, dass das Verständnis für IT-Ausfälle wächst, wenn die Studenten sich zuhause mit den Tücken der IT auseinandersetzen?

Nein! Meine Erfahrung zeigt, das die Nutzer (Studierende, Professoren und Mitarbeiter) eine Verfügbarkeit von 100% verlangen.
Verständnis – auch für angekündigte, notwendige Wartungsarbeiten – zeigen da meist nur Professoren und Mitarbeiter.

11.) Unter ökonomischer Betrachtung sollen die Kosten durch die Benutzung privater Endgeräte gesenkt werden. Ist das Ihrer Meinung nach eine realistische Zielsetzung?

Nein, denn der personelle Wartungsaufwand stiege damit, s. 10. Werden heute die Poolraum-Rechner und viele Mitarbeiter-Rechner per Desktop-Management in kurzer Zeit installiert und „wieder frisch" gemacht, ist dies bei privaten Rechnern mit unterschiedlichen Versionen von Betriebssystemen nahezu unmöglich. Wie verhalten sich dann private Anwendungen mit den Applikationen der Hochschule, die für F&L benötigt werden?
Die Nutzer haben nicht das Know how, bei Problemen entsprechend zu reagieren und das/die Probleme zu lösen was letztlich zu Frust und Unzufriedenheit führt. So wäre eine nahezu 100%-Verfügbarkeit nicht zu gewährleisten.

Hochschule: TU Clausthal

Position: Leiter des Rechenzentrums

1.) Seit wann ist es möglich, sich mit dem privaten Laptop in das Hochschulnetz einzuloggen? Von wem (Studenten oder Admins) ging diese Entwicklung aus?

1998 wurde (fast) alle Wohnheime in Clausthal per Glasfaser ans Hochschulnetz angeschlossen. Damals waren Laptops allerdings die Ausnahme. Das Projekt wurde vom RZ gemeinsam mit Studenten und Studentenwerk realisiert. Das Rechenzentrum bietet immer schon Zugänge über das öffentliche Netz und seit 2005 campusweit WLAN.

2.) Ist das öffentliche Hochschulnetzwerk von dem internen Hochschulnetzwerk getrennt?

Nein.

3.) Inwieweit ermöglichen Sie Studenten den Zugriff auf Hochschulsoftware über das Netzwerk? (Stichwort: Web-Anwendung, SAP Systeme etc...)

Über VPN Zugriff auf die Ressourcen des Hochschulnetzes (z.B. Bibliothek), Terminalserver-Lösungen für lizenzpflichtige Produkte.

4.) Bei welchen Technologien treten die größten Probleme mit privaten Endgeräten auf?

Absicherung des Netzes, Authentifizierung, Autorisierung.

5.) Ihr Helpdesk supportet die privaten Endgeräte, gibt es hier eine Regelung was gemacht werden darf und was nicht?

Kein technischer Support für private Endgeräte, nur Beratung bei Netzanbindung. Es gilt die Nutzungsordnung des Rechenzentrums (http://www.rz.tu-clausthal.de/fileadmin/Rechenzentrum/Oeffentliche_Dokumente/Leitung/Benutzungsordnung-RZ-2002.pdf). Problematisch ist z.B. die Nutzung von Tauschbörsen und damit verbundene Copyright-Verletzungen. Bei Missbrauch wird der Netzanschluss gesperrt.

6.) Könnten Sie sich vorstellen, dass das Modell der Hochschulinfrastruktur auch auf Unternehmen übertragbar ist? Welche Hauptgründe haben Sie für Ihre Entscheidung?

7.) *Meine Antworten beziehen sich auf Studierende. Eine Übertragung auf Mitarbeiter ist problematisch (dienstliche Daten auf externen Geräten, …). Eine dienstliche Nutzung privater Smartphones, Laptops, … über die Infrastruktur ist aber bei entsprechenden Sicherheitsvorkehrungen und Vertraulichkeitsregelungen denkbar (Telearbeit).*

8.) Stehen Sie der Entwicklung von Consumer Hardware im Hochschulumfeld positiv oder negativ gegenüber?

Positiv.

9.) Könnten Sie sich vorstellen, dass die Computerräume komplett durch private Endgeräte abgelöst werden?

Positiv: Verantwortungsvoller Umgang mit den eigenen Geräten, Kompetenzsteigerung, keine Finanzierungslast bei der Hochschule, dynamische Innovationen. Negativ: Wegen der Vielfalt der Systeme kaum Support möglich - bis auf allgemeine Fragestellungen. Ist aber m.E. nicht schlimm, sondern wird mit den Medien im Netz erledigt (Web 2.0).

10.) Was sind die Chancen und Risiken für eine Hochschule?

Verlässlichkeit der Nutzung von PCs in Laborveranstaltungen. Datensicherung, etc., kurz alles, was eine professionelle IT-Infrastruktur alles benötigt.

11.) Ist es denkbar, dass das Verständnis für IT-Ausfälle wächst, wenn die Studenten sich zuhause mit den Tücken der IT auseinandersetzen?

Denkbar, aber nicht wichtig.

12.) Unter ökonomischer Betrachtung sollen die Kosten durch die Benutzung privater Endgeräte gesenkt werden. Ist das Ihrer Meinung nach eine realistische Zielsetzung?

Bezogen auf Hochschulen: Ja. Das bedarf aber keiner Zielsetzung: Die Studierenden wollen mit eigenen Geräten arbeiten.

Anhang 3 – Ausstattung privater Haushalte 1998-2008

Ü2 Ausstattung privater Haushalte mit ausgewählten Gebrauchsgütern nach Gebietsständen 1998-2008
Ü2.2 Ausstattungsgrad

Lfd. Nr.	Gegenstand der Nachweisung	Deutschland			Früheres Bundesgebiet			Neue Länder und Berlin-Ost		
		1998	2003	2008	1998	2003	2008	1998	2003	2008
1	Erfasste Haushalte (Anzahl)	68 863	59 713	58 964	54 928	48 227	45 652	13 935	11 486	13 332
2	Hochgerechnete Haushalte (1 000)	36 703	37 931	39 077	29 921	30 861	31 771	6 783	7 070	7 306
	Ausstattungsgrad [1] je 100 Haushalte									
	Fahrzeuge									
3	Personenkraftwagen	75,1	76,9	77,1	76,2	78,0	77,9	70,6	71,9	73,3
4	fabrikneu gekauft	37,0	35,0	31,3	37,1	35,2	31,5	36,6	33,6	30,3
5	gebraucht gekauft	43,8	47,4	50,3	44,7	48,3	51,0	40,1	43,8	47,5
6	geleast [2]	2,3	3,4	4,3	2,3	3,5	4,6	2,3	3,0	3,2
7	Kraftrad (einschl. Mofa und Roller)	10,9	11,6	11,6	11,5	12,5	12,2	8,1	7,7	8,9
8	Fahrrad	80,0	78,6	79,5	81,6	79,7	80,0	73,5	73,4	77,2
	Empfangs-, Aufnahme- und Wiedergabegeräte von Bild und Ton									
9	Fernseher	95,8	94,4	94,1	95,4	94,2	93,9	97,8	95,4	94,8
10	dar.: Flachbildfernseher (LCD, Plasma)	.	.	15,7	.	.	15,8	.	.	15,2
11	Satelliten-Empfangsgerät (Decoder)	28,8	36,8	39,1	28,6	37,5	40,3	29,8	34,1	33,8
12	Kabelanschluss	53,4	52,6	47,8	50,7	50,6	46,2	64,4	61,1	54,8
13	DVB-T-Gerät (Decoder)	.	.	16,2	.	.	17,3	.	.	11,5
14	Pay-TV-Decoder	.	.	4,7	.	.	5,0	.	.	3,3
15	DVD-Player/Recorder (auch im PC)	.	27,1	69,1	.	28,1	69,3	.	22,7	68,2
16	Camcorder (Videokamera)	16,6	21,9	19,5	16,5	22,0	19,3	17,1	21,6	20,4
17	Camcorder analog	.	17,3	11,1	.	17,0	10,8	.	18,3	12,3
18	Camcorder digital	.	7,0	9,7	.	7,6	9,8	.	4,7	9,4
19	Fotoapparat	86,3	83,4	85,2	86,8	83,7	85,2	85,0	81,6	85,4
20	Fotoapparat analog	.	.	61,4	.	.	60,7	.	.	64,7
21	Fotoapparat digital	.	.	58,3	.	.	59,5	.	.	52,9
22	MP3-Player	.	.	37,3	.	.	38,6	.	.	31,9
23	CD-Player/CD-Recorder (auch im PC)	.	.	79,7	.	.	80,2	.	.	77,6
24	Spielkonsole	.	.	19,4	.	.	20,1	.	.	16,6
	Informations- und									
25	Personalcomputer (PC)	38,7	61,4	75,4	39,9	62,4	76,3	33,9	57,2	71,5
26	PC stationär	.	58,2	62,1	.	59,0	62,7	.	55,0	59,4
27	PC mobil (Notebook, Laptop, Palmtop)	.	10,7	34,7	.	11,5	35,9	.	7,5	29,6
28	Internetzugang, -anschluss	8,1	46,0	64,4	8,8	47,3	65,9	5,2	40,7	57,6
29	ISDN-Anschluss	5,6	23,4	31,5	6,1	25,6	33,9	3,1	13,8	20,9
30	Telefon	.	98,7	99,0	.	98,7	99,0	.	98,4	99,1
31	Telefon stationär (auch schnurlos)	96,8	94,5	89,7	97,3	94,7	90,5	94,3	93,9	86,0
32	Telefon mobil (Autotelefon, Handy)	11,2	72,5	86,3	11,4	72,9	86,4	10,8	70,1	86,1
33	Anrufbeantworter stationär	36,8	46,2	49,4	37,9	47,1	50,1	32,7	42,1	46,4
34	Telefaxgerät stationär	14,8	20,7	20,7	16,3	22,0	21,7	9,1	14,9	16,2
35	Navigationssystem	.	.	20,7	.	.	21,4	.	.	17,3
	Haushalts- und sonstige Geräte									
36	Kühlschrank	99,0	98,8	98,6	99,0	98,7	98,6	99,3	98,8	98,6
37	Gefrierschrank, Gefriertruhe	77,4	66,0	52,4	76,9	68,0	54,6	80,0	57,3	43,0
38	Geschirrspülmaschine	44,8	56,6	62,5	49,1	59,0	64,2	25,7	46,4	55,0
39	Mikrowellengerät	50,8	62,7	69,6	53,0	63,2	69,5	41,2	60,3	70,2
40	Wäschetrockner	29,4	36,5	38,5	33,1	40,4	42,3	13,6	20,1	22,1
41	Sportgeräte (Hometrainer)	.	24,3	27,5	.	24,6	27,4	.	23,4	27,8

1) Anzahl der Haushalte, in denen entsprechende Gebrauchsgüter vorhanden sind, bezogen auf hochgerechnete Haushalte der jeweiligen
2) Auch vom Arbeitgeber oder vom eigenen Unternehmen zur Verfügung gestellt. Keine Ratenkäufe.

www.ingramcontent.com/pod-product-compliance
Lightning Source LLC
LaVergne TN
LVHW092337060326
832902LV00008B/685